✈ 기획·tvN 〈벌거벗은 세계사〉 제작진
자유롭게 누군가를 만나고 여행하는 것이 점차 어려워질 무렵, 집에서 안전하게 세계 여행을 즐길 수 있는 프로그램을 만들었습니다. 여행지에 숨겨진 세계사까지 배울 수 있으면 더 좋겠다는 마음을 담아 만든 것이 〈벌거벗은 세계사〉입니다.

✈ 글·박효연
어릴 적에는 미지의 세상을 탐험하는 여행가가 꿈이었습니다. 지금은 책을 통해 지식 여행 떠나기를 즐겨 합니다. 아동문학평론에 동시가 당선되어 동시 작가가 됐고 시사 프로그램을 제작하는 방송작가, 어린이책을 쓰는 작가로 활동하고 있습니다. 쓴 책으로는 《신드바드와 떠나는 위대한 모험》《초등학생을 위한 개념 한국지리 150(공저)》《동물과 함께하는 세계지리여행》《한눈에 쏙 세계사5》《한눈에 쏙 세계사9》《세계 시장에서 배우는 착한 경제》《초등학생을 위한 개념 경제 150》들이 있습니다.

✈ 그림·최호정
어린 시절부터 그림 그리기를 좋아했으며, 대학에서 디자인을 공부했습니다. 어린이책에 그림을 그릴 때가 가장 행복합니다. 그린 책으로는 《그림으로 보는 삼국유사 3》《전설의 탐정, 전설희》《자두의 비밀 일기장》《안녕 자두야 과학 일기 14》《안녕 자두야 과학 일기 15》들이 있습니다.

✈ 감수·김덕수
서울대학교 서양사학과에 입학해 로마사를 처음 접했습니다. 긴 역사 속 지중해 세계를 누빈 수많은 인물과 흥미진진한 이야기에 빠져 같은 대학교 대학원에서 로마사 탐험을 이어갔고, 로마의 초대 황제 아우구스투스 연구로 박사학위를 받았습니다. 서울대학교 역사교육과 교수로 일하며, 제32대 역사학회 회장을 지냈고, 한국서양고대역사문화학회 회장, 한국서양고전학회 회장을 맡고 있습니다. 쓴 책으로는 《지도자 본색》《그들은 로마를 만들었고, 로마는 역사가 되었다》《바울: 크리스트교를 세계화하다》《로마와 크리스도교》《아우구스투스의 원수정》《그리스와 로마》《서양사강좌(공저)》들이 있고, 옮긴 책으로는 《하이켈하임 로마사》《로마혁명사(공역)》들이 있습니다.
TV 프로그램 〈클래스ⓔ〉에서 '불멸의 제국, 영원한 로마'를 16회에 걸쳐 진행하고, KBS 〈역사저널 그날〉들에 출연하며 로마사의 다양한 매력을 널리 알리려고 애쓰고 있습니다.

초등학생이 꼭 알아야 할 필수 세계사

벌거벗은 세계사

❷ 천년 제국 로마와 이집트의 클레오파트라

기획 tvN 〈벌거벗은 세계사〉 제작진
글 박효연 그림 최호정 감수 김덕수

아울북

기획의 말

몇 년 전까지만 해도 사람들은 원할 때면 언제든지 세계 어딘가로 여행을 떠날 수 있었어요. 하지만 어느 날 갑자기 우리 삶에 들이닥친 코로나19로 인해 예전처럼 자유롭게 누군가를 만나고 여행하는 것이 점차 어려워졌어요.

그때 만들게 된 프로그램이 〈벌거벗은 세계사〉예요. '어떻게 하면 집에서 안전하게 세계 여행을 즐길 수 있을까?' 하는 고민에서 프로그램이 탄생하게 되었지요. 그리고 나아가서 여행지에 숨겨진 세계사까지 배울 수 있다면 더 좋겠다는 마음을 담았어요.

〈벌거벗은 세계사〉는 히스토리 에어라인을 타고 세계 곳곳을 온택트로 여행하며 우리가 몰랐던 세계의 역사를 다양한 관점으로 파헤쳐요. 지난 과거를 이렇게 파헤쳐야 하는 이유가 무엇일까요? 역사는 단순히 지나간 기록이 아니라 아직도 우리 곁에 머물러 있기 때문이에요. 세계가 어떻게 시작되었고, 다양한 문화적, 정치적 전통은 어떻게 형성되었으며 또 어떻게 상호작용하였는가를 알면 세상을 폭넓게 바라볼 수 있어요. 역사는 우리가 사는 세상을 제대로 이해하고 더 나은 방향으로 나아가게 하는 힘이 되어 주지요.

세계사를 알면 한국사 또한 더 재미있어져요. 우리나라의 역사도 세계사의 거대한 흐름과 맞물려 있기 때문이에요. 우리가 굴욕적으로 알고 있는 강화도 조약, 을미사변을 우리 역사 안에서만 보면 사건의 실상을 다 알 수 없어요. 당시 청과 일본, 러시아와의 관계, 각국의 경제 상황까지 함께 들여다보아야 사건의 원인과 결과를 자세하게 알 수 있어요. 이렇게 했을 때 과거의 일을 반면교사 삼아 같은 실수를 반복하지 않을 수 있어요.

이 책은 프로그램에서 방영되었던 방대한 역사적 사건들 중 초등학생이 꼭 알아야 할 필수적인 이야기를 엄선했어요. 이 책을 통해 어린이 독자 여러분들은 온택트 세계 여행을 하며 한 꺼풀 더 벗겨 낸 세계사의 진짜 모습을 볼 수 있을 거예요. 세계사를 처음 접하는 어린이 독자 여러분에게 이 책이 좋은 길잡이가 되길 바랍니다.

 제작진

등장인물

이로마

세계대학교 유럽 문화과 교수

- 로마 제국에 관한 모든 것을 꿰뚫고 있는 로마 전문가
- 자신의 피아노 연주 실력이 피아니스트 이루마에 버금간다고 주장하는 히스토리 에어라인 비공식 피아니스트

공차연

얌전하고 새침해 보이지만
운동장에 나가면 누구도
따라올 수 없는 숯돌이 공격수.
반전 매력 폭발!

강하군

세계사를 배경으로 한 게임에
푹 빠진 겜돌이. 엉뚱한
상상력으로 퀴즈 정답을
맞히는 은근 최상위권!

왕봉구

모든 걸 음식과 연결해 생각하는
먹방 유튜버. 세계 최고 요리사,
'왕 셰프'를 꿈꾸지만 지금은
이름 때문에 '왕방구'가 별명!

알베르토

아빠는 이탈리아인, 엄마는 한국인인
다문화 가정 아이. 방학 때마다
이탈리아 로마에 가고, 옷 잘 입는
멋쟁이. 두 번째 여행 메이트!

차례

등장인물 소개 • 6
프롤로그 • 10

1부 천년 제국 로마

- **1장** 로마의 탄생 • 20
- **2장** 공화정 시대 • 36
- **3장** 팍스 로마나 • 54
- **4장** 로마 제국의 몰락 • 70

2부 이집트의 클레오파트라

- **1장** 고대 이집트와 클레오파트라 • 82
- **2장** 로마 제국과 클레오파트라 • 96

에필로그 • 116

tvN
〈벌거벗은 세계사〉
방송 시청하기

→ 7화

✈ 역사 정보

❶ 로마의 인물 • 120
❷ 로마의 문화 • 122
❸ 이집트의 인물과 문화 • 124
❹ 오늘날의 역사 • 126
• 주제 마인드맵 • 128

✈ 벌거벗은 세계사 퀴즈

• 로마 공화정 시대 편 • 130
• 로마 제정 시대 편 • 132
• 정답 • 134

사진 출처 • 135

프롤로그

"**여러분**, 두 번째 세계사 여행에 온 걸 환영해요. 여러분을 환영한다는 뜻으로 제가 피아노 연주를 했는데, 좋았나요? 모두 만나서 반가워요."

열정적으로 피아노 연주를 마친 남자가 말했어요. 남자는 약간 엉클어진 머리를 쓸어 올리며 히스토리 에어라인에 탄 친구들을 쭉 둘러보았어요.

"공을 든 친구가 공차연, 게임기에서 눈을 떼지 않는 친구가 강하군, 유튜브 방송하는 친구가 왕봉구……."

남자는 마치 출석 체크를 하듯이 친구들의 얼굴과 이름을 차례로 확인했어요. 그러다가 하얀 셔츠에 빨간 조끼로 깔끔하게 옷을 차려입은 친구를 보고 말했어요.

"이번에 새로 초대된 친구군요. 아까 보니 한국말 잘하던데, 친구들한테 직접 자기소개를 해 볼까요?"

"안녕? 난 알베르토라고 해. 아빠는 이탈리아인, 엄마는 한국인이야. 난 이탈리아 로마에서 태어났어. 유치원 때 한국에 왔는데, 방학 때마다 이탈리아에 갔다 와. 난 이탈리아도, 한국도 모두 내 나라라고 생각해."

친구들은 자기소개를 마친 알베르토를 반겨 주었어요. 왕봉구는 특히 알베르토에게 관심을 가졌어요.

"알베르토, **이탈리아 요리**는 서양 3대 요리잖아. 이탈리아

요리 중에서 진짜 먹어 봐야 하는 최고의 요리가 뭔지 소개 좀 해 줄래? 피자, 파스타 이런 거 말고 말이야."

"왕방구, 아, 왕봉구! 또 먹을 것 얘기야?"

"강하군! 이건 진짜 중요한 얘기고, 난 진지해. 최고의 요리사가 되려면, 각 나라의 최고 요리가 뭔지 알아야 한다고."

왕봉구와 강하군이 으르렁대자 알베르토는 어쩔 줄을 몰랐어요. 그때 공차연이 알베르토에게 축구공을 툭 던졌어요.

"쟤들은 서로 앙숙인데, 저러다가 또 금방 언제 그랬냐는 듯 같이 놀아. 그러니까 너무 신경 쓸 거 없어."

공차연의 말대로 왕봉구는 금세 강하군과 투닥거리는 걸 멈추고 피아노 연주를 했던 남자에게 다가갔어요.

"아, 제가 방구석 겜돌이와 다투느라 이분 소개를 못했네요. 조금 전 멋지게 피아노 연주를 해 주셨는데, 누구신지 직접 소개 좀 부탁드리겠습니다."

"저는 예술을 사랑하는 피아노 치는 교수, 이로마예요."

"이로마? 설마 피아니스트 이루마랑 형제예요?"

알베르토가 깜짝 놀라서 물었어요.

"아, 제가 그런 얘기 많이 듣지요. 제가 워낙 피아노를 잘 치는 데다 이름도 비슷하고, 아, 외모도 좀 닮았죠? 하지만 형제 아닙니다. 아무 관련 없어요. 하하하."

이로마 교수님은 호탕하게 웃고는 말을 이어 나갔어요.

"이번 세계사 여행은 서양의 정치, 경제, 문화, 예술, 종교에 큰 영향을 준 **대제국**이 건설되었던 나라로 떠날 거예요."

"교수님, 지난 여행 때 알렉산드로스 대왕과 진시황제가

이번 세계사 여행은 정치, 경제, 문화, 예술이 발달했고, 서양 역사의 뿌리가 된 대제국으로 떠납니다.

대제국의 음식도 궁금한데, 그것도 알려 주시면 좋겠다.

만든 통일 제국을 알아보았어요. 알렉산드로스 제국과 진나라 말고 대제국이 또 있었나요? 나라가 큰 만큼 맛있는 음식도 많을 것 같아서 벌써부터 설레요."

왕봉구가 입맛을 다시며 물었어요.

"그래요, 음식 얘기도 시간이 나면 꼭 해 줄게요. 무엇보다 지난 여행 때 했던 역사 이야기를 기억하고 있다니, 훌륭하네요. 이번에 여행할 제국은 알렉산드로스 제국과 진나라보다 훨씬 오랫동안 유지되었어요. 그래서 이 나라의 역사는 그리스와 더불어 서양 역사의 뿌리가 되었지요."

그 말에 공차연이 눈을 동그랗게 뜨고 말했어요.

"그리스와 더불어 서양 역사의 뿌리가 된 나라라면, 로마! 교수님, 로마 맞죠?"

"네, 맞습니다! 저와 이름이 같은 나라, 로마 제국입니다."

"앗싸! 그럼 **이탈리아**로 가는 거죠? 이탈리아 하면 **축구**를 빼놓을 수 없죠. 역시 히스토리 에어라인에 오길 잘했어. 이탈리아라면 알베르토가 잘 알겠는걸?"

공차연이 축구공을 손가락으로 빙빙 돌리며 말했어요.

"이탈리아에 자주 왔다 갔다 했지만, 역사는 자세히 몰라. 그래서 히스토리 에어라인에서 보낸 게스트 카드를 받았을 때 기대가 됐어. 세계 여행을 하면서 역사 공부도 할 수 있으니까."

"게스트 카드? 와, 그런 게 있었어? 게스트 계정으로 게임하는 거랑 비슷한 시스템이네. 지난번 여행을 같이했던 니코스도 게스트 카드를 받아서 왔던 거겠지?"

강하군이 알베르토의 게스트 카드를 살피며 게임 연구하듯 히스토리 에어라인의 룰을 생각하고 있을 때, 왕봉구는 이탈리아에 간다는 말에 들떠 말했어요.

"어쩐지 시작할 때부터 이탈리아 요리가 당기더라. 교수님, 빨리 가요. 이탈리아의 요리도, 역사도 너무너무 궁금해요!"

왕봉구가 호들갑을 떨자 이로마 교수님은 기분이 좋은 듯 지휘자처럼 팔을 휘저으며 말했어요.

"이번 여행은 이탈리아 로마에서 시작해서 이집트까지 가 볼 겁니다. 로마 제국과 이집트가 무슨 관련이 있냐고요? 그건 여행을 하면서 알려 줄게요. 아주 달달한 인연이 있는데, 제가 그 숨겨진 역사를 낱낱이 벌거벗겨 드리겠습니다. 제 연주로 히스토리 에어라인 두 번째 세계사 여행의 문을 열지요!"

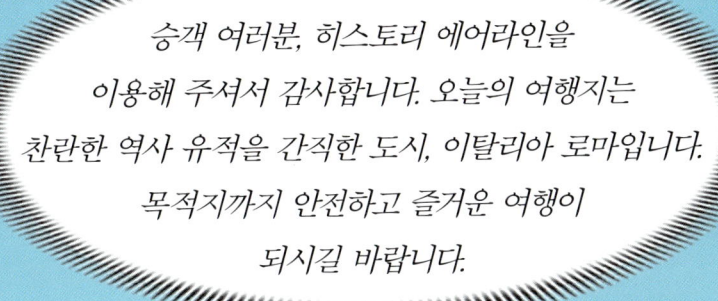

HISTORY AIRLINE

**1부
천년 제국
로마**

FROM S.KOREA   TO ITALY

Boarding Pass

① 로마의 탄생
② 공화정의 시대
③ 팍스 로마나
④ 로마 제국의 몰락

이탈리아

국가명	이탈리아 공화국
수도	로마
민족	이탈리아인(북부에 프랑스계, 오스트리아계, 슬라브계, 남부에 알바니아계, 그리스계 등 소수 거주)
먹을거리	피자, 파스타, 칼조네, 라자냐, 젤라또, 티라미수, 레몬
종교	가톨릭(85.7%), 정교회(2.2%), 이슬람(2%), 개신교(1.2%), 기타(8.9%)
언어	이탈리아어

세계사 (기원전)
- 753년 : 로물루스, 로마 건국
- 510년 : 로마 공화정 수립
- 264년 : 포에니 전쟁 발발
- 27년 : 로마 제정 설립, 팍스 로마나 시작(~ 기원 후 180년)

한국사 (기원전)
- 400년경 : 철기 문화 보급
- 200년 : 삼한 시대 시작
- 108년 : 고조선 멸망

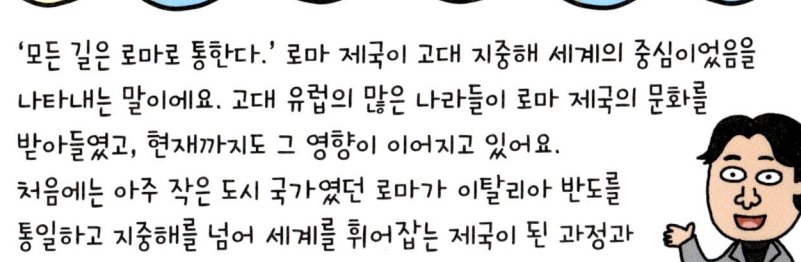

'모든 길은 로마로 통한다.' 로마 제국이 고대 지중해 세계의 중심이었음을 나타내는 말이에요. 고대 유럽의 많은 나라들이 로마 제국의 문화를 받아들였고, 현재까지도 그 영향이 이어지고 있어요.
처음에는 아주 작은 도시 국가였던 로마가 이탈리아 반도를 통일하고 지중해를 넘어 세계를 휘어잡는 제국이 된 과정과 로마 제국이 남긴 유산을 알아보아요.

대한민국

| 콘스탄티노폴리스 천도 330년 | 로마 제국 동·서 분열 395년 | 서로마 제국 멸망 476년 | | 676년 신라, 삼국 통일 | 698년 발해 건국 | | 918년 고려 건국 | | 1392년 조선 건국 | 1446년 훈민정음 반포 | 동로마 제국 멸망 1453년 |

1장 로마의 탄생

여러분, 우리는 이탈리아 로마에 도착했습니다. 로마는 전 세계 사람들에게 사랑받는 여행지예요. 특히 한국인들이 가장 많이 찾는 유럽 여행지 중 다섯 손가락 안에 드는 곳이지요.

로마는 고대 로마 제국의 중심지였던 만큼 도시 역사가 길고, 도시 곳곳에 로마 제국의 건축물이 남아 있어요. 건축물마다 깃든 역사 이야기 덕분에 아주 매력적인 도시이지요.

지금 보는 건축물은 로마를 대표하는 건축물 중 하나인 판테온이에요. 판테온은 그리스어로 모두를 뜻하는 '판(Pan)'과 신을 뜻하는 '테오스(Theos)'가 합쳐진 이름이에요. 그리스 로마 신화에서 알 수 있듯 고대 로마는 다신교 국가였어요. 판테온은 로마의 모든 신들을 모시는 신전이었지요.

← 판테온 부감

초상화 연습할 때 쓰는 석고상의 주인공이 나야.

↑ 아그리파

판테온은 기원전 27~25년경에 고대 로마의 장군이자 정치가였던 아그리파가 지었는데, 원래 건물은 80년에 있었던 대화재로 없어졌다고 해요. 지금 건축물은 118년에서 128년경 로마 제국의 하드리아누스 황제가 다시 건축한 거예요. 그때 지은 건축물이 지금까지도 거의 완벽하게 그대로 보존되어 있어서 고대 로마의 건축 기술이 얼마나 뛰어났는지 알 수 있지요.

오늘날 우리는 로마 제국을 고대 역사상 최대의 영토를 차지했던 가장 강성했던 나라로 알고 있어요. 하지만 로마 역사의 시작은 보잘것없었어요. 지금부터 로마의 탄생 이야기를 벌거벗겨 볼게요.

작은 국가, 로마의 탄생과 성장

장화 모양으로 된 이탈리아반도의 중심에는 테베레강이 흐르고 있어요. 기원전 753년, 테베레강 주변에 있는 일곱 언덕을 중심으로 도시 국가가 생겨났어요. 바로 로마예요.

로마가 생겼을 때, 이탈리아반도 안에는 이미 다른 도시 국

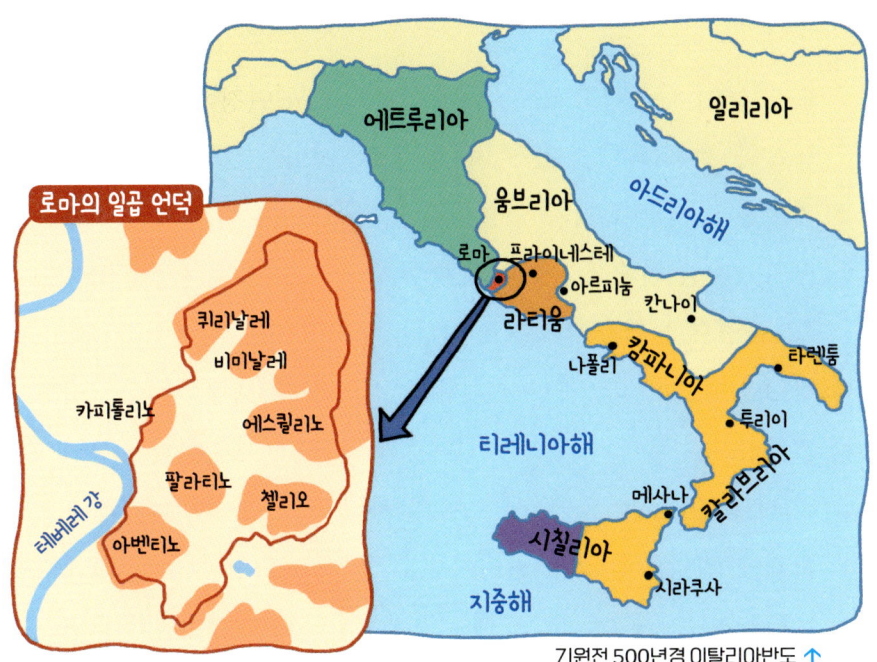

기원전 500년경 이탈리아반도 ↑

가들이 있었어요. 북쪽에는 에트루리아, 남쪽에는 그리스의 식민 도시 국가들이 있었지요. 이들의 입장에서 보면, 로마는 참 보잘것없고 볼품없는 나라였어요. 일곱 언덕 아래는 테베레강이 자주 범람하는 저지대 습지였거든요. 방어에는 유리한 조건이었지만, 사람들이 살기에는 좋지 않은 곳이었지요.

로마 북쪽의 에트루리아는 강성한 나라였어요. 에트루리아인들은 이미 기원전 9세기경부터 철을 이용해 무기나 농기구

에트루리아
에트루리아인이 살았던 열두 개의 도시로 이뤄진 왕국. 독자적인 문화를 바탕으로 기원전 7~6세기에 융성하여 고대 이탈리아 여러 민족에게 영향을 주었다.

를 만들어 사용하고 있었어요. 철제 농기구로 생산량을 늘려 풍족한 생활을 했지요. 로마는 에트루리아의 철기를 만드는 기술을 받아들여 점차 발전시켜 나갔어요. 일곱 언덕 사이는 습지였지만 테베레강을 따라 평야가 있어 농사짓기에 좋았어요. 농업으로 먹을거리가 부족하지 않게 되자 국가의 기틀이 잡혀 갔지요.

무엇보다 로마가 국가로서의 모습을 갖추게 된 데에는 상업의 발달이 있었어요. 당시 로마의 지리적 조건은 상업 활동을 하기에 알맞았어요. 이탈리아반도 중간에 있다 보니 북쪽과 남쪽을 잇는 역할을 했고, 에트루리아인들과 그리스인들이 도자기, 옷감, 먹을거리 같은 걸 사고팔기 위해서 이곳에 모여들었어요. 게다가 테베레강은 배가 드나들며 물건을 실어 나르기에 좋았어요. 자연스럽게 시장이 형성됐고, 시장에서는 사람과 물건, 그리고 문물이 교류됐지요.

로마인들은 이웃 나라에서 들어오는 기술과 문화를 그대로 받아들이고 배웠어요. 에트루리아에서는 철을 다루는 기술을, 그리스에서는 도자기 만드는 기술을 배우고 알파벳을 받아들였어요. 로마는 나라다운 모습을 갖추고 농업과 상업으로 먹고사

는 데도 큰 문제가 없는 도시 국가로 성장했어요.

로마 공화정의 수립

로마도 처음엔 이탈리아반도의 다른 도시 국가들처럼 왕이 나라를 다스리는 왕정* 국가였어요. 기원전 753년 탄생한 로마의 첫 번째 왕은 로물루스예요. 로마 건국 신화의 주인공이자 '조국의 아버지'라 불리는 로물루스는 로마가 강대국으로 성장할 수 있는 기틀을 마련했어요. 그래서 당시 사람들로부터 많은 지지와 사랑을 받았지요. 신화에 따르면, 로물루스는 37년간 로마를 다스리다가 세상을 떠났어요.

> **왕정**
> 왕이 나라의 모든 일을 관할하는 정치 체제를 말한다.

그가 죽은 뒤 왕위는 사비니 출신 누마에게 계승되었어요. 로물루스가 혈통에 의해 왕이 되는 걸 금지했기 때문이에요. 로물루스는 훌륭한 인격과 능력을 가진 사람이 왕이 되어야 하며, 왕이 최고의 권력을 갖되 그 권력을 세습해서는 안 된다고 했어요.

← 로마 건국 신화에 나오는 로물루스와 레무스를 키운 암늑대 상

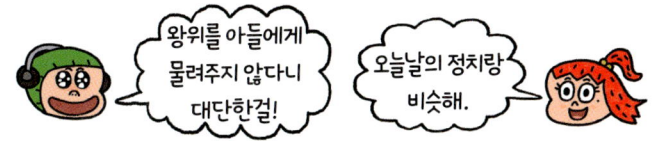

당시 로마는 왕이 원로원, 민회와 상의하여 나라를 이끌었어요. 원로원은 여러 가문의 우두머리가 되는 귀족 원로들로 구성된 기구로 왕에게 자문하는 역할을 했어요. 민회는 군인이 될 수 있는 남자 시민들로 구성된 기구로 중요한 일을 결정해야 할 때 소집되었지요. 로물루스는 이런 기구들이 왕의 권력을 견제할 수 있다고 생각했고, 원로원에서 왕을 선출하면 민회에서 투표를 통해 확정하여 임명하도록 했어요.

원로원은 로마인이 아니어도 능력이 있거나 로마에게 필요한 인물이라고 생각하면 데리고 와서 왕으로 삼았어요. 로마인들은 외국인이라고 무시하지 않고, 외국의 문화와 생각들을 받아들였지요.

로물루스 이후 원로원에서 선출한 왕들은 큰 문제없이 나라를 다스렸어요. 그런데 일곱 번째로 왕이 된 타르퀴니우스가 귀족들의 의견을 무시하고 자기 마음대로 나랏일을 좌지우지했어요. 자기 의견에 반대하는 귀족들을 모조리 죽여 버리기까지 했지요. 화가 난 귀족들은 타르퀴니우스를 왕좌에서 끌어내렸어요. 이로써 최고의 권력을 갖는 왕이 모든 나랏일을 결정하는 왕정은 끝나게 되었어요.

기원전 6세기 말, 왕을 쫓아낸 귀족들은 공화정을 수립했어요. 공화정은 집정관 두 명과 원로원, 민회가 중심이 되어 나라를 다스리는 체제였어요. 왕정의 '왕'이 사라진 자리에 생긴 집정관은 민회에서 시민들이 매년 직접 투표로 뽑았어요. 집정관의 임기가 1년이었던 것이지요. 집정관은 군대를 이끌고, 세금을 걷고, 재판을 할 수 있는 강한 권한을 가졌는데, 원로원과 민회가 이 권한을 마음대로 쓰지 못하도록 견제하는 역할을 했어요.

여기서 잠깐 로마의 시민이 어떤 사람들이었는지 알아볼까요? 로마에서 시민은 귀족과 평민 남자를 가리켰어요. 평민은 재산권을 가진 계급으로, 병역과 납세의 의무가 있었어요. 또

↑ 로마의 원로원

시민으로서 민회에 참여할 수도 있고, 집
정관이 될 수도 있었어요. 하지만 집정관
은 대부분 귀족 중에서 뽑혔고, 민회에서

입김이 센 것도 귀족이었어요. 민회에서 평민의 의견은 힘이
없었고, 평민이 의견을 내어 결정을 해도 원로원이 거부하면
소용이 없었지요.

　로마가 남북을 잇는 지리적 이점으로 상업이 발달하면서 귀
족만큼 부유한 평민들이 늘어났지만 상황은 바뀌지 않았어요.
오히려 귀족들은 평민이 귀족으로 신분 상승할 수 있는 길을
꽉 막고, 모든 혜택을 자신들만 누리려 했어요.

　공화정 초기, 로마는 영토 확장
을 하느라 주변 나라들과 전쟁이
잦았어요. 평민들은 장사를 하지
도 농사를 짓지도 못하고, 전쟁에
군인으로 나가는 일이 많았지
요. 하지만 전쟁 승리의 전리품
은 모두 귀족들이 차지했어요.
전쟁에 나가고 세금도 내지만
아무런 혜택을 누리지 못하자
평민들의 마음속에는 점차 불

만이 쌓이기 시작했지요.

기원전 494년, 평민들의 불만은 극에 달했어요. 평민들은 군대에 가는 것을 거부하고, 귀족들에게 쏠린 권력을 나누어 주지 않으면 로마를 떠나겠다고 했어요. 평민들끼리 따로 나라를 만들겠다고요. 귀족들은 깜짝 놀랐어요. 평민이 없으면, 전쟁을 치를 수도 없고 세금을 낼 사람도 없어지니까요. 귀족들은 부랴부랴 평민들과 협상에 나섰어요.

"평민의 권리를 보호할 수 있는 제도를 만들겠소."

귀족들은 평민의 생명과 재산을 지킬 평민의 대표자를 호민관으로 부르고, 평민들로만 구성된 민회인 평민회를 설치하기로 약속했어요. 평민회의 의장은 호민관으로, 호민관은 원로원에서 결정된 사안을 거부할 수 있었어요. 또 평민의 권리가 지켜질 수 있도록 법을 제정했어요. 로마 최초로 글자로 적어 놓은 성문법인 12표법이에요.

로마는 원래 전통적으로 내려오는 관습법이 있었어요. 이 관습법은 귀족들만 알았고, 귀족들끼리 자신들에게만 유리하게 법을 적용했어요. 평민들은 자신들이 모르는 법으로 재판을 받아 억울한 일을 많이 겪었지요. 12표법이 생기면서 이제 평민도 귀족과 똑같이 법을 알고, 똑같이 적용받으며, 자기 권리를 주장할 수 있게 되었어요. 여기서 퀴즈!

Q 로마 최초의 성문법인 12표법은 동판 열두 개에 새겨 많은 사람들이 볼 수 있는 곳에 붙였다고 해요. 어디에 붙였을까요?

지금이라면 SNS에 올리면 끝인데, 기원전이라면 어딜까?

많은 사람이 볼 수 있는 곳이면, 사람들이 자주 가는 곳이었겠지. 식당?

무슨 소리? 사람들이 많이 모이는 곳은 축구장이지. 아, 아니다. 그때는 축구가 없었지. 그럼 어디지?

로마인은 예술을 사랑해. 공연이 열리는 곳이 아닐까? 아, 알았다! 공연도 열리고 먹을 것도 있고 물건도 사고파는 곳! 교수님, 광장이요!

정답! 12표법은 광장에 붙여졌어요. 로마 시민들은 광장에 걸린 12표법을 오가면서 보았고, 마치 노래처럼 12표법을 외울 수 있었다고 해요.

↑ 12표법

기원전 367년에는 평민 중에서도 집정관이 나올 수 있도록 하는 법이 제정되었어요. 이 법의 이름은 법을 제안한 두 사람의 이름을 따 리키니우스·섹스티우스법이라고 했지요. 또 기원전 287년에는 평민회에서도 법을 만들 수 있게 한 호르텐시우스법이 제정됐어요. 이로써 평민들은 귀족과 동등한 권리를 갖게 됐어요. 귀족과 평민 간의 오랜 싸움이 일단락된 거예요.

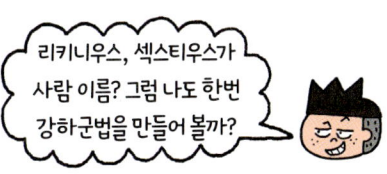

로마의 이탈리아 통일

로마는 나라의 기틀을 확실하게 갖추고 거대한 제국이 되는 길로 나아갔어요. 그 시작은 바로 이탈리아반도를 하나로 통일하는 것이었답니다. 하지만 당시 이탈리아반도에 있던 도시 국가들은 여전히 로마를 얕보고 있었어요.

"보잘것없는 로마의 힘이 커지고 있어! 더 크지 못하게 눌러 줘야 해."

에트루리아, 그리스가 지배하는 도시 국가들은 틈만 나면 로마를 공격했어요. 로마는 이들과 크고 작은 전쟁을 치러야 했어요. 귀족과 평민이 힘을 합쳐 이들에 맞서 방어하고, 때로는 공격해 정복에 성공하기도 했어요.

기원전 390년, 기세등등했던 로마에게 시련이 닥쳤어요. 북쪽에서 켈트족˙이 쳐들어온 거예요. 로마는 싸움에 자신 있었지만 켈트족과의 싸움에서는 지고 말았어요. 험난한 산악 지대에 살던 켈트족은 건장한 체격을 지녔고 싸움에 능숙했거든요. 켈트족은 로마를 약탈하고 항복할 것을 요구했어요. 그러나 로마가 항복하지 않고 버티자 오래된 도시를 모두 부숴 버렸어요.

> **켈트족**
> 유럽 대부분의 지역에서 부족 단위로 이동하며 살던 유목 민족이다. 갈리아족이라고도 한다.

켈트족은 로마에서 철수하는 조건으로 자그마치 금 1000파운드를 요구했어요. 로마는 울며 겨자 먹기 식으로 켈트족의 요구를 받아들였어요. 하지만 켈트족은 저울의 눈금을 속여 더 많은 금을 받아 가려 했어요. 로마인들이 항의했지만 눈 하나 깜짝 안 하고 이렇게 말했어요.

"패자에게는 고통뿐이다."

↑ 로마에 배상금을 요구하는 켈트족

로마인에게는 너무나 수치스러운 말이었지요. 켈트족에 의해 로마는 쑥대밭이 됐지만 그게 오히려 로마를 일으켜 세우는 원동력이 되었어요. 귀족과 평민이 함께 뭉쳐 강한 군대를 만들기 위해 노력하게 되었거든요.

> 로마는 위기를 기회로 삼았던 거였구나!

로마는 부족한 인구를 늘리기 위해 로마에 협력하는 라틴족 등의 주변 민족에게 시민권을 주어 로마에서 살도록 해 주었어요. 또 이탈리아반도에 있던 다른 도시 국가들과 동맹을 맺었어요. 로마가 전쟁을 하면 언제든 도와달라는 의미였지요.

켈트족의 약탈 사건 후 약 100년이 지났을 때, 로마는 이탈리아반도 전체를 통일했어요. 이제 로마는 서서히 지중해로 눈을 돌렸어요.

 # 2장 공화정 시대

지중해는 유럽, 아시아, 아프리카의 중심 바다예요. 아주 오래전부터 여러 민족이 활동하던 무대였지요. 역사적으로 보면 지중해를 차지하는 나라가 그 시대의 최강국이 되었어요. 지금 우리가 온 곳은 로마가 지중해 장악을 위해 첫 번째로 맞닥뜨렸던 강국이 있었던 곳, 튀니지예요. 튀니지는 아프리카 대륙 북서쪽에 있는데 풍경이 아름답고, 살기 좋은 자연환경을 지닌 나라로 손꼽혀요.
　로마가 건국되기 전인 기원전 9세기, 튀니지에 해상 무역을 하는 동방의 페니키아인들이 이주해 왔어요. 지중해와 맞닿아 있고 땅이 비옥하니 이들은 곧 항구 도시를 세웠지요. 바로 카르타고랍니다. 카르타고는 기원전 7세기 중엽 페니키아에서 독립한 뒤, 지중해를 주름잡는 강국으로 발전했어요.

카르타고 군항의 오늘날 모습 ↑

이탈리아반도를 통일하고 지중해로 눈을 돌린 로마는 카르타고와 부딪칠 수밖에 없었어요. 당시 카르타고는 해상 무역으로 엄청난 수입을 벌어들이고 있었어요. 카르타고에 간 로마 상인들은 카르타고의 발전된 모습을 보고 입이 떡 벌어졌지요. 로마는 카르타고에 비하면 아직 한참 뒤처져 있었거든요.

지중해의 강자, 카르타고와의 전쟁

로마는 지중해를 장악하고 싶었어요. 지중해를 손에 넣어야 세계로 가는 길을 확보할 수 있었거든요. 로마는 먼저 이탈리아반도 남서부에 있는 시칠리아섬을 정복하려고 했어요. 시칠리아섬은 카르타고의 영향력 아래 있는 곳이었기 때문에 로마는 카르타고와 전쟁을 시작했지요. 바로 포에니 전쟁이에요.

포에니 전쟁은 로마에서 페니키아인들을 '포에니'라고 부르고, 카르타고가 페니키아인들의 나라였기 때문에 붙여진 이름이에요. 로마는 카르타고와 기원전 3세기 중엽에서 기원전 2세기 중엽에 이르기까지 3차에 걸쳐 전쟁을 했어요.

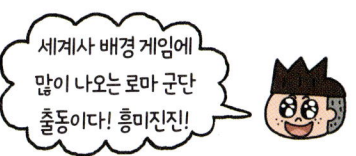

처음에 로마는 힘을 쓰지 못했어요. 카르타고는 '바다의 민족'이라고 불릴 정도로 최고의 항해술을 갖고 있었어요. 로마는 해상전에서 카르타고를 이기려면 새로운 전술과 무기를 개발해야 했지요.

주로 지상전을 해 왔던 로마 군대는 시칠리아섬과 이탈리아반도 남부에 사는 그리스인들에게 도움을 받았어요. 함선을 만드는 방법을 배우고, 노 젓는 훈련을 해서 해상전에 대비했

이게 코르부스!

어요. 그리고 비장의 무기를 함선에 달았어요. 바로 코르부스라고 하는 회전식 부교를 함선 선수에 단 거예요. 로마군은 상대편 함선에 가까이 다가가면, 코르부스를 내려 잽싸게 건너가 공격을 했어요. 배 위에 올라가기만 하면 그다음에 싸우는 건 자신 있었거든요. 이렇게 해서 로마는 1차 포에니 전쟁에서 승리를 거뒀어요.

↑ 코르부스가 달린 로마 함선

카르타고가 바다에서 지다니, 굴욕 아니야?

나라면 복수의 칼날을 갈았을 거야.

전쟁에서 지고 시칠리아섬을 내준 카르타고는 복수심을 불태우며 2차 포에니 전쟁을 준비했어요. 이때 등장한 인물이 바로 한니발˙이에요. 한니발은 카르타고가 자신 있었던 해상전에서 로마에게 지자 다른 방법을 찾았어요. 바로 알프스산을 넘어 로마를 공격하는 것이었지요.

한니발
카르타고의 장군으로, 뛰어난 리더십과 전쟁 전략으로 역사상 가장 위대한 명장으로 꼽힌다.

당시 로마인들은 카르타고가 알프스산을 넘어 쳐들어올 거란 생각을 꿈에도 못했어요. 알프스산은 항상 눈으로 덮여 있고, 험준하기로 유명했거든요. 게다가 '바다의 민족'인 카르타고가 산을 넘어 온다는 건 그 누구도 예상 못했어요.

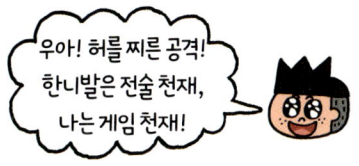

기원전 218년, 한니발이 알프스산을 넘어 로마를 급습하자 로마군은 깜짝 놀랐어요. 하지만 곧 마음을 다잡고 역전을 위해 새로운 작전을 계획했어요. 로마는 한니발과 정면 승부를 해서는 승산이 없다고 보았어요. 한니발을 피해 카르타고 본국을 공격하기로 했지요. 집안에 문제가 생기는데 한니발이라고 별수 있겠어요? 한니발은 어쩔 수 없이 본국을 지키러 돌아가야 했어요.

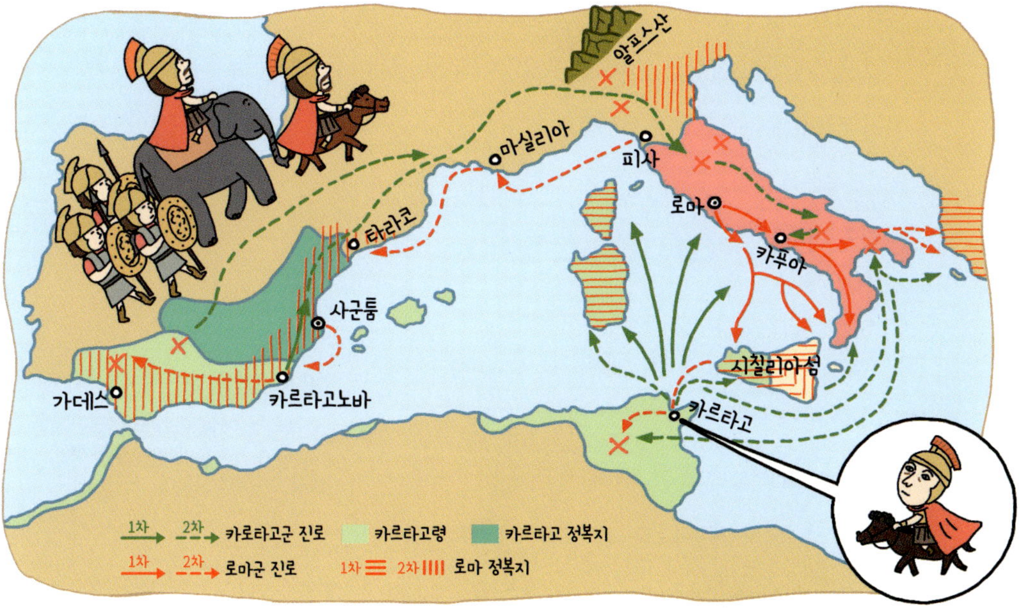

1, 2차 포에니 전쟁

이때 로마군을 이끈 장군은 스키피오예요. 스키피오는 한니발 군대의 코끼리들을 놀라게 해서 쑥대밭으로 만들고 병사들을 무찔렀어요. 알프스산을 넘어 로마로, 로마에서 다시 카르타고로 행군하며 몸도 마음도 지친 한니발은 더 이상 싸움의 명장이 아니었어요. 기원전 202년, 로마는 한니발을 꺾고 2차 포에니 전쟁에서 승리를 거뒀어요.

이야! 그야말로 짜릿한 역전승!

로마는 카르타고가 지중해에서 활약하지 못하도록 발을 묶었지만 안심할 수 없었어요. 카르타고가 언제 다시 힘을 키울지 모르니까요. 로마는 카르타고를 완전히 없애 버리기로 마음먹었어요. 3차 포에니 전쟁을 일으켜 기원전 146년, 카르타고를 폐허로 만들어 버렸지요. 이로써 로마는 지중해를 완전히 장악했어요.

혼란의 로마와 그라쿠스 형제

포에니 전쟁에서 승리한 후, 로마는 지중해 해상 무역을 통해 막대한 부를 쌓았어요. 귀족들은 정복지의 넓은 땅을 차지하고 라티푼디움˙을 운영해 부를 늘

> **라티푼디움**
> '광대한 토지'를 뜻하는 라틴어로, 로마 귀족들이 노예를 부려 농사짓는 대농장이다.

려 갔어요. 하지만 평민들은 가난했어요. 전쟁을 하는 동안 농사지을 땅은 황폐해졌고, 먹고살기 위해 도시로 몰려들었지만 일자리를 얻을 수 없었지요. 평민들의 불만이 쌓여 갔어요.

기원전 133년, 평민회에서 호민관으로 티베리우스 그라쿠스란 인물이 뽑혔어요. 그는 귀족들이 나라의 공유지를 독차지한 것이 매우 불공평하다고 생각했어요.

"로마를 위해 싸우고 죽어 간 시민을 위해 토지 개혁을 해야 한다! 귀족의 공유지를 몰수해 농민들에게 나누어 줘라!"

티베리우스의 주장은 평민들에게 큰 지지를 얻었어요. 하지만 귀족들과 원로원은 반대했고, 티베리우스가 만든 농지법 등의 개혁 법안이 통과되자 거세게 반발했어요. 그래도 티베리우스는 개혁을 멈추지 않았어요. 오히려 다음 해에도 호민관을 계속하기 위해 선거에 출마했지요. 그러자 귀족들은 호민관 선거 날 티베리우스를 살해해 버렸어요.

티베리우스는 죽었지만, 그가 만든 법안은 남았어요. 그리고 티베리우스의 개혁을 이어 가기 위해 동생 가이우스 그라쿠스가 나섰어요. 로마 시민들은 이번에는 개혁이 성공하길 바라면서 더 열렬히 지지를 보냈어요. 가이우스는 호민관에 당선되었고, 가난한 이들에게 싼 값

으로 곡물을 주도록 하는 '곡물법'을 만들었어요. 더 나아가 병역법, 재판법 등의 법안을 내고 개혁을 밀어붙였어요. 귀족들이 가만히 있을 리 없겠지요? 가이우스가 로마의 질서를 어지럽힌다며 체포하려 했고, 가이우스와 지지자들이 저항하자 무력으로 진압했어요. 가이우스는 이 과정에서 목숨을 잃고 말았지요.

그라쿠스 형제의 개혁 실패 이후, 로마의 정치가들은 사회 개혁을 주장하는 평민파와 귀족들의 입장을 옹호하며 개혁을 반대하는 귀족파로 갈려 서로 싸우고 죽이는 일을 반복했어요. 사회는 혼란했고, 이 속에서 노예 반란이 일어나기도 했어요. 공화정으로 잘 유지되어 왔던 로마에 위기가 온 거예요.

↑ 그라쿠스 형제

카이사르와 삼두 정치

로마의 정치가 귀족파와 평민파의 권력 다툼으로 혼란할 때 율리우스 카이사르란 인물이 등장했어요.

카이사르는 귀족이지만 평민의 입장에 섰던 평민파 정치가이기도 했어요. 카이사르는 평민들이 좋아할 만한 정책을 추진했고, 전투에 나가 로마의 영토를 넓히는 데도 이바지했어요. 평민들은 카이사르를 지지했지만, 원로원은 평민파인 카이사르를 못마땅해했지요. 그래서 카이사르가 집정관이 되려고 하자 방해를 했어요. 카이사르는 혼자서는 원로원에 맞서기 힘들다고 생각했고, 당시 '스파르타쿠스의 난'을 진압해 영웅으로 추앙받던 폼페이우스와 크라수스에게 손을 내밀었어요.

폼페이우스는 많은 전쟁에서 승리를 해 로마의 영토를 확장했던 인물이었어요. 폼페이우스는 자신의 군대에게 자신이 정복한 땅을 나누어 주고 싶어 했는데, 원로원의 반대로 뜻을 이루지 못하고 있었어요. 크라수스는 로마 역사상 최고의 부자로, 수단과 방법을 가리지 않고 재산을 모은 인물이었는데 더 많은 부를 쌓고 싶어 했지요.

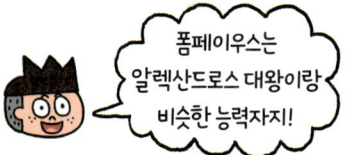

폼페이우스는 알렉산드로스 대왕이랑 비슷한 능력자지!

　카이사르는 폼페이우스에게는 원로원에 같이 맞서자고 설득하고, 크라수스에게는 자신이 집정관이 되면 돈을 많이 벌 수 있게 도와주겠다고 약속했어요. 그리고 자신과 폼페이우스, 크라수스, 이렇게 셋이서 로마를 함께 다스리는 '삼두 정치'를 하자고 했지요. 두 사람은 카이사르의 손을 잡아 주었고, 카이사르가 집정관이 될 수 있도록 지지해 주기로 했어요.

　기원전 59년, 카이사르는 원로원 세력을 누르고 드디어 집정관이 되었어요. 셋이 약속한 대로 본격적인 삼두 정치를 시작했지요. 폼페이우스가 원했던 내용을 담은 법안을 통과시키고, 평민을 위한 여러 가지 일들을 해 나갔어요. 하지만 카이사르는 여기서 만족하지 않았어요. 셋이 나눠 가진 권력을 독점하고 싶었지요. 그러려면 전쟁 영웅으로 명성이 높은 폼페이우스보다 뛰어난 업적을 쌓아야 했어요.

당시 로마는 갈리아˙ 지방에 사는 켈트족이 호시탐탐 국경을 넘어와 골치가 아픈 상태였어요. 카이사르는 군대를 이끌고 가 7년 만에 갈리아 지방을 정복해 버렸어요. 로마의 영토는 서유럽 일대까지 늘어났고, 로마에서 카이사르의 인기는 하늘을 찌를 듯 높아졌지요.

> **갈리아**
> 오늘날 네덜란드 남부와 독일 라인강 유역, 벨기에, 프랑스, 스위스 전역과 이탈리아 북부 지역으로, 서유럽 일대를 가리킨다.

갈리아 전쟁을 승리로 이끌었을 때, 카이사르의 나이는 쉰 살이었어요. 잠깐 카이사르에 대해 좀 더 알아볼까요? 카이사르는 젊었을 때부터 배짱과 자신감이 넘치는 사람이었어요. 물론 머리도 아주 좋았고요.

기원전 75년, 스물다섯 살 청년이었던 카이사르는 정치가로서 연설을 좀 더 잘하기 위해 로도스섬으로 유학을 갔어요. 그러나 로도스에 도착하기 전에 카이사르는 그만 해적에게 붙잡혔어요. 당시 해적들은 로마인을 납치하고는 몸값을 받았는데, 카이사르에게 몸값으로 20달란트를 요구했어요. 20달란트는 병사 수천 명의 연봉과 맞먹는 큰돈이었어요. 그런데 얼마 뒤 카이사르는 해적들에게 털끝 하나 다치지 않고 풀려날 수 있었어요. 심지어 돈까지 챙겨서요. 여기서 퀴즈!

Q. 카이사르는 몸값을 요구하는 해적들에게서 어떻게 무사히 벗어났을까요?

카이사르는 군인이니까 해적들과 싸워서 이기지 않았을까?

아무리 싸움의 신이라도 혼자서 무장한 해적들을 상대하기는 힘들었을 거야. 머리를 썼을 것 같아.

해적들을 자기편으로 만들었겠지. 그러려면 뭐니 뭐니 해도 음식이지. 음식 앞에 장사 없잖아.
요리를 해서 해적들의 마음을 사로잡은 게 아닐까?
상상만 해도 너무 좋다, 해적선 위에서 만찬!

해적선 위에서 무슨 만찬? 카이사르가 요리를 잘했다는 얘기는 듣도 보도 못했어.

강하군, 넌 왜 내가 얘기만 하면 태클이야?
그럴 수도 있지, 역사에는 비밀도 있다고.
역사를 벌거벗기고 벗기면 그런 비밀이 나올 수도 있지.

역사를 벌거벗기면 그런 재미있는 이야기가 나올 수도 있지요. 하지만 아쉽게도 카이사르에게 그런 이야기는 없네요. 땡!

교수님, 카이사르는 배짱이 있다고 하셨잖아요. 해적들한테 오히려 자기 몸값이 20달란트밖에 안 되냐며 더 많은 돈을 준다고 했을 것 같아요.

오, 그럴 듯해!

딩동댕! 정답이에요. 카이사르는 자신을 풀어 주면 20달란트의 2.5배인 50달란트를 준다고 했어요. 카이사르의 호기에 해적들은 놀라서 벌벌 기기 시작했지요. 심지어 물도 떠 주고 카이사르가 낮잠을 잔다고 하면 다들 조용히 하기도 했답니다.

배짱 한번 대단하네요!

40여 일 뒤 카이사르는 부하들이 구해 온 돈을 주고 풀려나 무사히 육지에 도착했고, 배에서 내리자마자 사람들을 불러 모아 놓고 연설을 했어요. 해적들의 재물을 빼앗자고 말이에요. 연설을 들은 사람들은 해적들에게 몰려가 재물을 빼앗았고 카이사르는 그 모습을 보고는 유유히 집으로 돌아갔다고 해요.

갈리아 전쟁 후, 카이사르의 힘이 커지자 원로원은 카이사르를 더욱 경계했어요. 카이사르가 왕이 되려 한다고 모함했지요. 크라수스는 다른 전쟁에서 전사했기 때문에 원로원은 로마 내에 남아 있는 폼페이우스에게 카이사르와 함께하지 말라고 했어요. 폼페이우스는 원로원의 주장에 설득되어 결국 카이사르를 배신했어요.

"카이사르는 당장 로마로 돌아오라!"

카이사르는 갈리아에서 로마로 돌아오기 위해 루비콘강에 도착했어요. 당시 로마는 군대를 이끌고 루비콘강을 건너는 것을 '반란'으로 규정하고 있었어요. 카이사르는 군대를 해산해야 했지만, 그렇게 했다가는 원로원에 의해 죽임을 당할 것이 분명했어요. 카이사르는 고민 끝에 병사들에게 이렇게 말했어요.

"주사위는 던져졌다!"

주사위는 던져졌다. 나를 따르라!

아, 여기서 이 말이 나왔구나!

뭔가 돌이킬 수 없는 중대한 결정을 할 때 쓰는 말이야!

카이사르 →

카이사르는 군대를 이끌고 루비콘강을 건넜어요. 로마로 돌아와서 자신을 모함한 원로원 귀족들을 몰아냈지요. 폼페이우스는 이집트로 피신을 갔는데, 카이사르를 두려워한 이집트 왕실이 폼페이우스를 암살했어요. 이제 카이사르를 능가할 사람은 아무도 없었어요.

카이사르가 갈리아에서 전쟁을 치르는 동안 로마 사회는 더욱 혼란해져 있었어요. 카이사르는 원로원 때문에 피해를 보고 있는 평민들을 위해 여러 가지 개혁을 실시했지요. 관직에 오를 사람을 출신에 상관없이 뽑았고 법 때문에 억울한 사람들이 생기지 않도록 했어요. 또 테베레강의 홍수를 막기 위한 공사를 진행해 안전을 지키고 일자리를 만들기도 했어요.

카이사르의 개혁은 로마 시민들에게 지지를 얻었고, 그는 독재관 자리에 올랐어요. 원래 독재관의 임기는 짧았지만, 카이사르는 평생 독재관을 할 수 있도록 법을 바꿨어요. 그러자 원로원 귀족들이 가만있지 않았어요. 기원전 44년, 원로원 회의장에서 그의 독재에 불만을 품은 귀족들에 의해 카이사르는 목숨을 잃고 말아요. 그를 죽인 귀족들 중에는 카이사르가 아꼈던 브루투스란 사람이 있었어요. 칼에 찔린 카이사르가 '브루투스, 너마저!'라고 말한 건 굉장히 유명하지요.

카이사르는 유명한 말을 많이 남겼네!

암살당하는 카이사르 ↑

　카이사르의 죽음은 로마에 큰 충격을 안겼어요. 사람들은 더 이상 귀족들의 이익만 고집하는 부패한 원로들이 주도하는 공화정을 원하지 않았어요. 차라리 카이사르처럼 강력한 힘을 가진 지도자가 로마를 다스려 주기를 바랐지요. 공화정은 카이사르와 함께 사라지고 로마는 새로운 길을 가기 시작해요. 그 이야기는 다시 로마로 돌아가서 해 볼까요?

3장 팍스 로마나

여러분, 우리는 다시 로마로 돌아왔어요. 로마는 혼란 속에서도 계속 영토를 넓혀 나가고 있었어요. 포에니 전쟁 이후, 폼페이우스가 동방 원정으로 아프리카와 서아시아 지역을, 카이사르가 갈리아 전쟁으로 서유럽 지역을 로마의 영토로 만들어 놓았지요.

기원전 1세기, 로마의 영토는 넓어졌지만 아직 우리가 아는 화려한 '로마 제국'의 모습은 아니었어요. 웅장한 콜로세움도 이때는 없었지요. 지금부터는 로마가 내부의 갈등과 혼란을 수습하고 전성기로 가는 길을 벌거벗겨 볼게요.

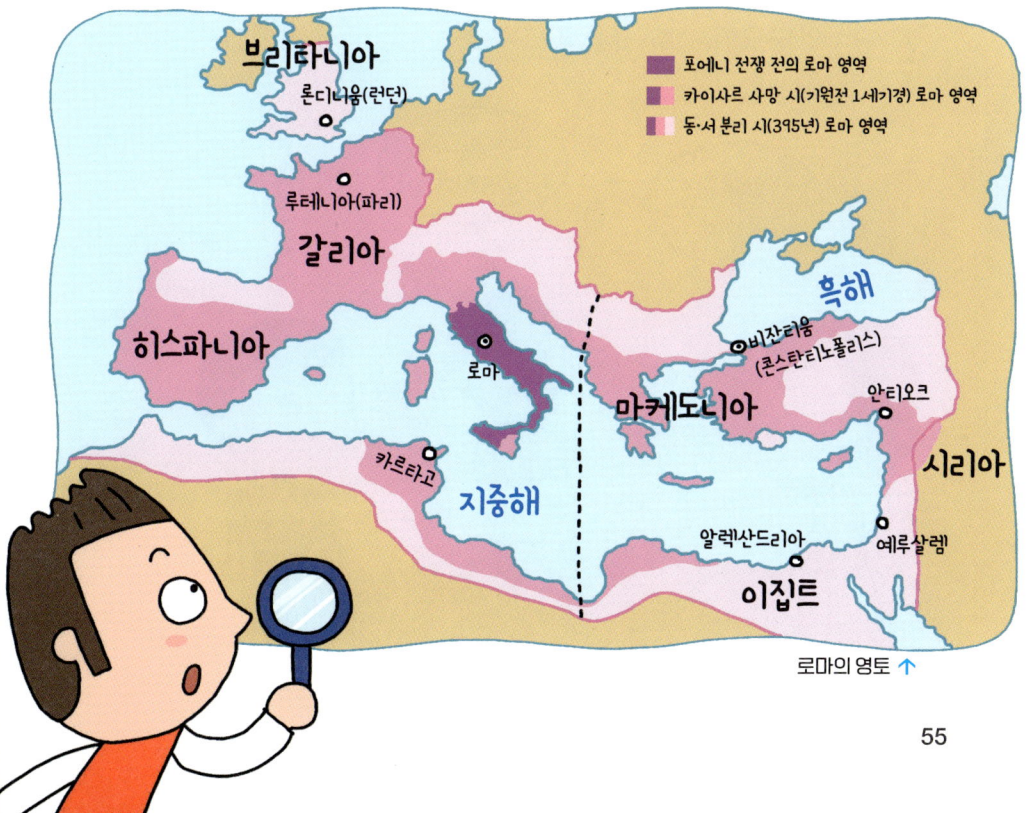

로마의 영토 ↑

옥타비아누스 황제와 로마의 전성기

카이사르를 암살했던 귀족들은 자신들이 카이사르의 독재를 막고 공화정을 지켰다고 생각했어요. 하지만 로마 시민들의 생각은 달랐어요. 평민을 위해 정치를 한 카이사르를 지지했던 로마 시민들은 분노에 휩싸였어요. 로마 시민들은 카이사르 암살에 가담했던 귀족들을 공격했고, 이들은 로마 시민들 앞에 두 손을 들게 돼요.

이제 관심은 누가 카이사르의 후계자가 되느냐였어요. 카이사르는 유언장을 통해 누나의 조카 손자인 옥타비아누스를 후계자로 임명했어요. 하지만 옥타비아누스는 당시 열여덟 살로

어렸어요. 그래서 카이사르의 평생 동지로 갈리아 전쟁을 함께했던 안토니우스, 카이사르의 부하였던 레피두스가 함께 권력을 잡았어요. 두 번째 삼두 정치가 시작된 거예요.

　권력을 나눠 쥐게 된 세 사람은 각각 영토를 나누어서 맡기로 했어요. 안토니우스는 동쪽, 옥타비아누스는 로마가 있는 서쪽, 레피두스는 아프리카를 다스렸어요. 사이좋게 권력을 나누고 평화가 올 줄 알았는데 얼마 뒤 예상치 못한 일이 벌어졌어요. 바로 동쪽을 맡았던 안토니우스가 이집트 여왕인 클레오파트라와 사랑에 빠지고 만 거예요.

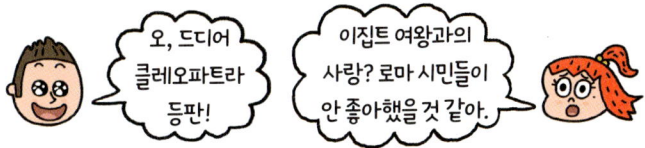

　이 사실을 알게 된 로마 시민들은 안토니우스에게 배신감을 느꼈어요. 안토니우스가 로마를 위해서가 아니라 이집트의 여왕 클레오파트라를 위한 일을 했거든요. 당장 원로원과 옥타비아누스는 안토니우스를 집정관 자리에서 파면시켰어요. 그리고 이집트에 선전 포고를 했어요. 곧 옥타비아누스가 이끄는 군대와 안토니우스가 이끄는 군대가 충돌했지요. 이게 바로 기원전 31년에 발발한 '악티움 해전'이에요.

↑ 악티움 해전

　악티움 해전의 승리자는 옥타비아누스였어요. 기원전 29년, 서른네 살의 옥타비아누스는 비옥한 땅과 많은 부가 있는 이집트를 손에 넣었어요. 이미 레피두스는 정치를 그만둔 상태였기 때문에, 옥타비아누스는 로마 최고의 1인자가 되었어요.

　옥타비아누스는 최고 권력자가 되었지만, 카이사르처럼 독재자로 보이지 않기 위해 겸손한 태도를 취했어요. 로마 시민과 원로원의 뜻을 거스르지 않는 정치를 해 나갔지요. 그런 옥타비아누스에게 원로원은 기원전 27년에 존엄함 사람이라는 뜻의 '아우구스투스'라는 칭호를 주었어요. 그리고 군대와 속

주들을 다스릴 권한을 주었지요. 이제 옥타비아누스는 로마 유일의 일인자 아우구스투스, 즉 로마의 황제가 되었어요. 공화정이 막을 내리고 황제가 다스리는 제정이 시작된 거예요.

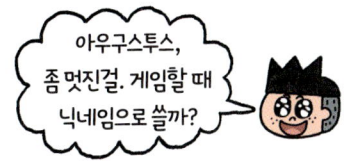

옥타비아누스가 황제의 자리에 있었던 41년 동안 로마는 많은 발전을 했어요.

"나는 진흙으로 된 로마를 물려받았고, 대리석의 로마를 물려줬다."

옥타비아누스의 이 말은 과장이 아니었어요. 당시 로마는 매일 공사 중이라고 할 정도로 새로운 대리석 건물을 많이 지었으니까요.

또 옥타비아누스는 가난한 사람들에게 식량을 나누어 주고 오락거리를 주었으며, 소방대와 경찰대를 만들어 도시를 살기 좋게 만들었어요. 옥타비아누스가 다스리는 동안 로마는 제국의 기틀이 닦였지요. 당연히 옥타비아누스는 시민들에게 높은 인기를 누렸답니다.

옥티비아누스 →

로마의 번영은 옥타비아누스가 죽고도 계속되었어요. 네로와 같은 폭군이 몇 있었지만 곧 현명한 다섯 황제, '오현제'가 연달아 집권하며 영토를 크게 확장하고, 정치적 안정과 경제적 풍요를 누리게 돼요. 이렇게 옥타비아누스부터 오현제까지 로마가 안정과 번영을 누린 약 200년간을 일컬어 '로마의 평화', 팍스 로마나라고 한답니다.

콜로세움 ↑

팍스 로마나와 빛나는 유산

팍스 로마나 시대에 로마는 주변국들이 감히 넘볼 수 없는 대제국이었어요. 군사적으로 강하고 재정도 튼튼하니, 로마인들은 여유로운 삶을 살 수 있었지요. 지금부터는 로마인들이 팍스 로마나 시대를 어떻게 살았는지 로마에 남아 있는 고대 건축물과 흔적들을 통해 이야기해 볼게요.

사람들은 흔히 로마 제국 하면 가장 먼저 콜로세움을 떠올릴 거예요. 콜로세움은 기원후 72년 베스파시아누스 황제가 세우기 시작해서 그의 아들 티투스 황제가 80년에 완성한 원형 투기장이에요. 무려 5만여 명이 들어갈 수 있는 엄청나게 큰 건축물인데, 우리가 지금 보는 콜로세움은 본래 모습의 3분의 1 정도일 뿐이라고 해요.

로마 제국 콜로세움의 구경거리

로마인들이 콜로세움에서 무엇을 구경했는지 알려 줄게요.

검투사의 격투 시합

검투사가 일대일로 싸우거나 팀을 짜 싸우는 것으로, 가장 유명한 구경거리였어요.

맹수 사냥

검투사들이 사자, 호랑이 등 맹수와 싸우거나 사냥하는 모습을 구경했어요.

동물 싸움

동물들끼리 싸움을 붙여 그 모습을 구경했어요.

나우마키아

콜로세움에 물을 채우고 배를 띄워 해상 모의 전투를 하는 모습을 구경했어요.

지금 우리가 보기에는 잔인한 구경거리들이지만, 당시 로마인들은 콜로세움에서 즐겨 보았다고 해요.

콜로세움은 모든 층에서 중앙의 무대를 잘 볼 수 있는 구조와 각도로 지어졌어요. 로마 시민들은 콜로세움에서 구경거리들을 함께 보면서 로마 시민은 하나라는 일체감을 가졌어요. 하지만 여기에는 다른 정치적 목적도 있었어요.

로마 제국은 영토와 인구가 늘어날수록 나라를 다스리는 일이 쉽지 않았어요. 특히 제국의 중심지, 로마에서는 불만을 가진 사람들의 시위가 자주 일어났지요. 콜로세움을 지은 데는 시민들의 불만을 억누르고, 정치에 관심을 갖지 못하게 할 목적이 있었답니다.

콜로세움에서는 주로 검투 시합을 했어요. 사람들은 싸움 구경에 푹 빠져 다른 것들을 잊었어요. 또한 콜로세움 근처의 전차 경기장에서는 전차 경기가 사람들의 마음을 사로잡았어요. 게다가 황제가 콜로세움에 오는 날에는 특별히 빵을 나눠 주기도 했으니, 황제에 대한 불만도 가라앉힐 수 있었지요. 이처럼 황제들이 인기를 유지하며 로마를 통치하던 정책을 '빵과 서커스'라고 해요. 검투 시합과 전차 경기가 서커스였던 것이지요.

로마인들은 자신들이 정복한 곳에 도시를 세우면서 신전과 함께 콜로세움과 비슷한 원형 경기장을 지었어요. 콜로세움이

로마 제국의 힘을 상징하는 건축물이었던 셈이지요. 사람들은 어마어마한 규모의 콜로세움에서 로마의 강력한 힘을 떠올렸어요. 나라와 시대는 다르지만, 이집트의 피라미드, 중국의 만리장성처럼 거대한 건축물을 지은 이들은 "나 이렇게 큰 건축물을 지을 정도로 권력이 세."라고 말했던 것이지요. 여기서 퀴즈!

Q 콜로세움은 엄청난 규모와 함께 권력을 상징하는 특별한 부분이 있어요. 오늘날의 건축물들에서도 쉽게 볼 수 있는 이것은 무엇일까요?

권력이 크다는 건, 돈이 많다는 뜻이기도 하니까 구하기 힘든 비싼 보석 장식?

건물에 보석 장식을 해 놓으면 보안에 엄청 신경 써야 할걸? 보석은 확실히 아냐.

트로피 문양? 월드컵에서 우승하면 트로피를 주잖아. 트로피 문양을 곳곳에 새겨 놓지 않았을까? '내가 권력 1등이야.'라는 뜻으로 말이야.

내가 콜로세움에 가 봤는데, 그런 문양은 없었어. 그리고 오늘날 건축물들에 트로피 문양이 다 있는 건 아니잖아.

권력을 상징하는 거면, 뭔가 높은 곳에 있는 걸 말할 것 같은데…….

어? 그럼 탑인가? 탑이 제일 높잖아.

아! 알겠다. 높은 곳에 올라갈 때 필요한 계단! 교수님, 계단이에요!

정답! 지금은 우리가 흔히 보는 계단이 과거에는 권력자들이 권력을 보여 주기 위한 건축적 양식이었어요. 계단은 높은 곳에 오르게 해 주는데, 건축물에서 높은 곳은 권력자의 공간이에요. 높은 곳에 있으면 자신을 드러내지 않고 다른 사람을 관찰할 수 있기 때문이지요.

로마가 내부적으로 시민들을 통제하기 위해 콜로세움을 지었다면, 넓은 영토를 다스리기 위해서는 어떤 방법을 썼을까요? '모든 길은 로마로 통한다.' 강력한 로마를 상징하는 대표적인 말에 힌트가 있답니다. 바로 로마로 통하는 길, 도로를 만든 것이지요.

로마는 총 8만 킬로미터가 넘는 도로를 깔아서 도시와 도시를 거의 일직선으로 연결했어요. 곳곳에 이정표를 세워서 길 찾기도 쉽게 해 놓았지요. 이 도로들은 지금까지 사용될 정도로 튼튼하게 만들어졌어요.

↓ 로마 제국 때 만든 아피아 가도

로마 제국 때 만든 수도교 ↑

　로마는 도로를 이용해 군대를 각지로 빠르게 이동시킬 수 있었어요. 당시 로마군의 주력 부대인 쌍두마차가 잘 달릴 수 있는 폭으로 도로를 만들었기 때문이에요. 물론 도로는 군대만 이용하지 않았어요. 세금을 걷고, 물자 교역을 하고, 로마의 소식을 다른 곳으로 쉽고 빠르게 전하는 데도 이용됐지요. 로마의 도로는 제국을 유지하는 혈관과 같은 역할을 했고, 이 도로를 통해 로마의 문화와 예술이 유럽 전역에 퍼졌답니다.

　도로와 함께 로마가 강력한 제국이 될 수 있었던 또 하나의 길이 있어요. 바로 물을 공급하는 수도예요. 큰 도시가 유지되려면, 물이 꼭 필요해요. 로마는 도시로 물을 끌어오는 수도교를 곳곳에 만들었어요. 물이 풍족하니, 로마에 많은 사람들이 살 수 있게 되었고, 이는 강력한 로마 제국을 만드는 밑거름이 되었지요.

↑ 카라칼라 욕탕

　로마는 수도교를 통해 끌어온 물을 콜로세움에 채워 해상 모의 전투를 벌이기도 했고, 공중목욕탕의 물로 쓰기도 했어요. 당시 공중목욕탕은 로마인들에게 단순히 목욕만 하는 곳이 아니라 사교를 하는 공간이었어요. 화려한 정원과 도서관이 있었고, 운동이나 놀이를 할 수 있는 시설이 갖춰져 있었지요.

　지금은 일부만 남아 있지만 당시엔 벽면이 대리석으로 장식되어 아름다웠고, 욕실의 바닥과 벽을 데우는 데 큰 나무 난로를 사용했을 정도로 설계가 잘 되어 있었다고 해요.

트레비 분수 ↑

또 로마는 '분수의 도시'라고 불릴 만큼 많은 분수를 만들었어요. 오늘날 로마를 대표하는 상징물로 꼽히는 트레비 분수도 로마 제국 때 건설한 수도교 덕분에 만들어질 수 있었지요.

로마의 뛰어난 건축 기술로 세워진 콜로세움, 도로, 수도교 등은 모두 당시 로마 제국이 얼마나 안정적이고 풍족했는지를 보여 주는 유산들이랍니다. 하지만 영원한 것은 없는 법, '로마의 평화'도 역사의 뒤안길로 사라지게 되지요. 그 이야기는 다른 곳으로 가서 해 볼까요?

4장 로마 제국의 몰락

지금 우리가 온 곳은 터키 이스탄불이에요. 이스탄불은 기원전 7세기에 세워진 도시인데, 당시에는 비잔티온이라고 불렸어요. 그러다 로마 제국에 점령된 뒤 라틴어로 비잔티움이라고 불렸고 330년에 콘스탄티노폴리스로 바뀌었다가 현대에 이르러 이스탄불이 되었어요. 도시 이름이 달라진 역사만 봐도 로마 제국과는 떼려야 뗄 수 없는 인연이 있지요. 이제부터 그 이야기를 시작해 보겠습니다.

 '로마의 평화'는 오현제의 마지막 황제인 마르쿠스 아우렐리우스가 세상을 떠나면서 흔들리기 시작했어요. 풍족한 로마에서 부족함 없이 사는 이들은 귀족이었어요. 화려한 건물을 짓는 데 세금을 냈던 평민들은 가난했지요. 로마는 겉으로는 화려했지만, 안으로는 빈부 격차로 신음하고 있었어요.

콘스탄티노폴리스 고지도 ↑

기울어져 가는 로마 제국

사회가 혼란해지자 군대를 거느리며 세력을 키운 장군들이 반란을 일으켰어요. 235년부터 284년까지 50여 년 동안 26명의 장군이 반란을 일으켜 황제 자리에 올랐어요. 그래서 이 시기를 군인 황제 시대라고 해요.

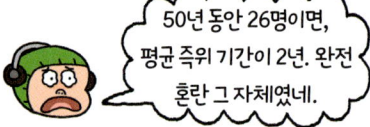

군인 황제 시대의 혼란을 수습한 사람은 284년 황제 자리에 오른 디오클레티아누스예요. 디오클레티아누스는 로마 제국의 영토를 나누어 통치해야 군인들의 반란을 막을 수 있다고 생각했어요.

286년, 디오클레티아누스는 자신의 동료이자 충직한 부하였던 막시미아누스에게 서로마를 맡기고 자신은 동로마를 지배했어요. 혹시나 전쟁 중에 황제가 피해를 볼 수도 있으니 황제 아래 부황제를 두어 영토를 나눠 다스리게 했지요. 황제 두 명과 부황제 두 명, 이렇게 넷이서 로마 제국을 4분할하여 통치한 거예요. 디오클레티아누스는 황제의 임기를 20년으로 정하고, 실제로 20년이 지나자 막시미아누스와 함께 황제 자리를 부황제들에게 각각 물려주고 퇴위했어요.

디오클레티아누스가 물러나자 로마는 다시 혼란에 빠졌어요. 황제가 넷이나 있으니, 서로 권력을 차지하기 위해 싸움이 날 수밖에요. 이 싸움에서 승리를 거두고 동로마와 서로마를 합하여 최고 권력자가 된 사람은 콘스탄티누스예요.

콘스탄티누스 대제는 로마 제국을 일으키기 위해 고민했어요. 그리고 제국의 수도를 옮기자는 결단을 내렸지요. 쇠락한 로마를 버리고 새로운 수도에서 다시 시작하자는 것이었지요. 콘스탄티누스 대제는 동로마 지역의 비잔티움을 수도로 정하고, 도시를 새롭게 건설했어요. 그리고 자신의 이름을 따 콘스탄티노폴리스라고 불렀지요.

콘스탄티누스 대제는 수도를 옮기고 군대를 정비하는 등 로마 제국의 부흥을 위해 노력했어요. 하지만 콘스탄티누스 대제가 죽은 후 결국 로마 제국은 동서로 완전히 분열되고 말아요.

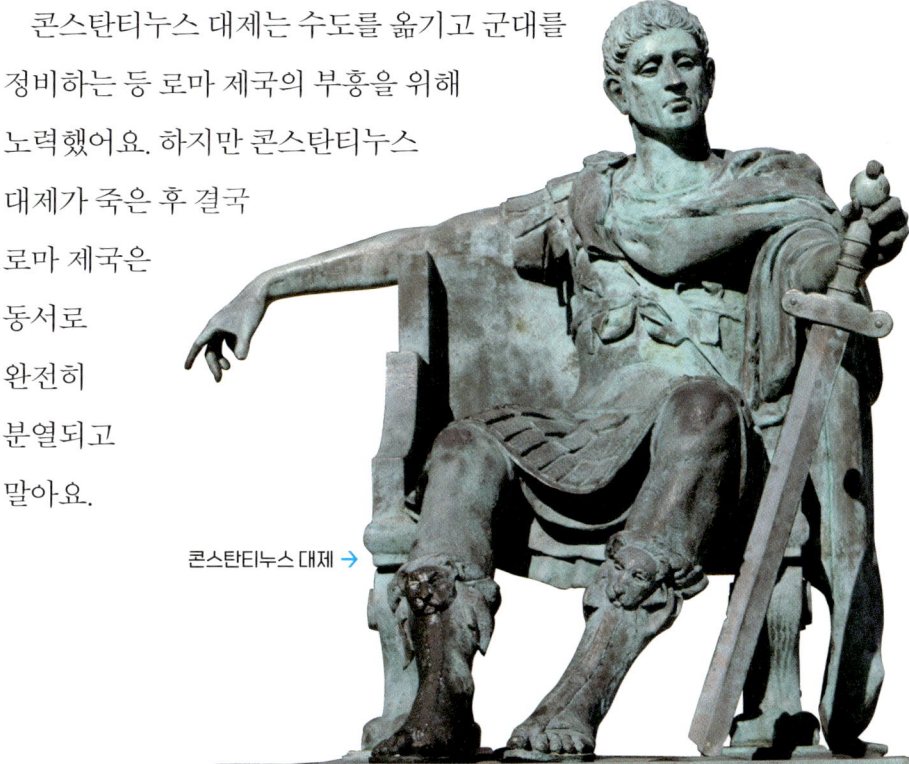

콘스탄티누스 대제 →

밀라노 칙령과 동·서 로마 제국의 멸망

로마 제정 초기, 로마에 크리스트교가 전파되었어요. 이전까지 로마는 다신교 국가였어요. 황제는 물론이고 죽은 황제도 신처럼 모셨지요. 그러나 유일신 사상을 가진 크리스트교 신자들은 로마에서 인정한 신들을 부정했어요. 우상을 숭배하는 것이라고요. 당연히 로마인들은 이들을 곱게 보지 않았지요.

크리스트교는 로마에서 오랫동안 탄압을 받았어요. 폭군 네로 황제는 로마 시내에 큰불이 났을 때, 화재의 원인을 크리스트교도에게 덮어씌워 죽이기도 했지요. 하지만 크리스트교는 탄압할수록 들불처럼 번져 나갔어요.

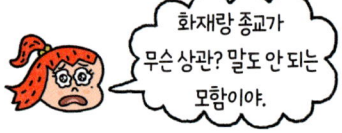

결국 콘스탄티누스 대제는 313년 크리스트교를 공식 종교로 인정하는 밀라노 칙령을 내리게 돼요. 이후 크리스트교는 더욱 많은 사람들이 믿게 되었어요. 로마에 처음 전파되었을 때는 가난한 사람들이 주로 믿었지만, 이후에는 귀족들에게도 퍼져 나갔지요. 그리고 392년 테오도시우스˙ 황제는 크리스트교를 로마의 국교로 선포했답니다.

테오도시우스
397년~395년 재위한 황제로 크리스트교를 국교로 선포한 이후 이교도를 압박했고, 죽을 때 두 아들에게 제국을 나눠 주면서 로마 제국이 동·서로 분립됐다.

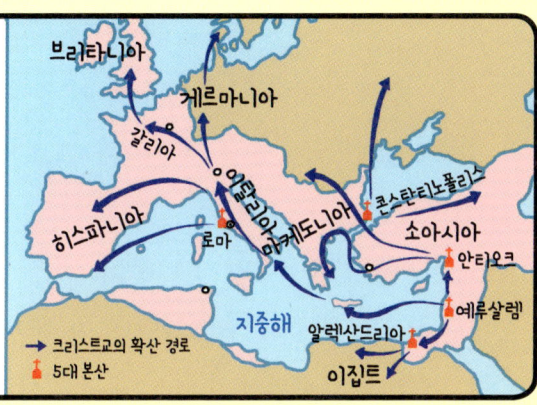

크리스트교는 오늘날 세계 3대 종교 중 하나예요. 크리스트교가 어떻게 탄생하고 확산됐는지 알려 줄게요.

기원전 63년경부터 로마의 지배를 받던 팔레스타인 가나안 지역에 어느 날, 예수가 나타나 설교를 했어요.

"우리는 평등하고 하나님를 믿으면 모두 구원받을 수 있습니다."

많은 사람들이 예수를 지지했지만, 달가워하지 않는 사람들도 있었어요.

"우리만이 신에게 선택 받은 민족이야."

"로마에 예수가 반란을 일으키고 있다고 고발하자."

결국 예수는 로마군에 붙잡혔고, 십자가에 못 박혀 죽고 말았어요.

이후 예수의 제자들이 예수의 가르침을 전하면서 크리스트교가 널리 퍼지게 되었어요.

종교 갈등이 사라진 로마 제국에 또 다른 위기가 다가왔어요. 로마 국경을 게르만족과 페르시아가 호시탐탐 넘보기 시작한 거예요.

게르만족은 2세기 말부터 서서히 로마 제국의 국경을 넘어왔어요. 인구가 부족했던 로마 제국은 이들을 받아들였고, 게르만족은 로마에서 농민이나 병사가 되었어요. 그러다 4세기 말 훈족이 서쪽으로 이동하자 수백만의 게르만족이 약 100여 년 동안 로마로 넘어왔어요. 이를 '게르만족의 이동'이라고 해요.

훈족
중앙아시아에 살던 유목 민족으로, '흉노족'이라고도 한다. 지도자인 아틸라를 따라 서쪽으로 이동했다.

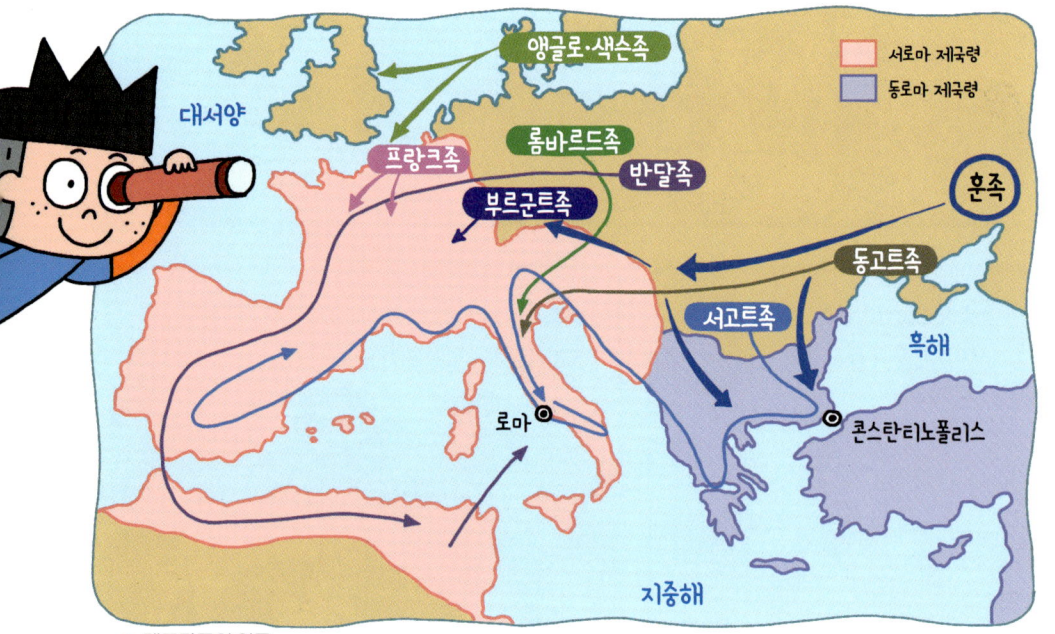

↑ 게르만족의 이동

로마 제국에 들어온 게르만족의 일부 부족은 반란을 일으켜 나라를 세우기도 했어요. 이 과정에서 476년 서로마 제국의 황제가 게르만족 출신의 용병 대장 오도아케르에 의해 폐위되면서 서로마 제국은 멸망하고 말았어요.

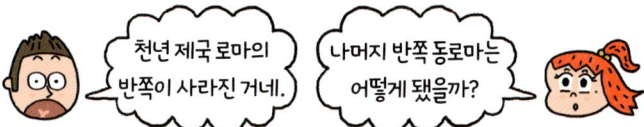

동로마 제국은 겉으로는 오도아케르가 서로마를 지배하는 걸 인정했지만, 속으로는 이를 갈았어요. 언젠가는 복수를 하겠다고요. 결국 오도아케르는 493년경 동로마 제국 황제의 명을 받은 동고트 왕 테오도리크에 의해 죽임을 당했어요.

6세기에 동로마 제국의 황제로 유스티니아누스가 올랐어요. 유스티니아누스 황제는 로마 제국을 다시 일으키기 위해 안간힘을 썼어요. 일단 로마법을 정리한 《유스티니아누스 법전》을 만들고, 서로마 땅을 되찾기 위해 군대를 보냈어요. 유스티니아누스 황제 때 동로마 제국은 옛 로마 제국의 땅을 상당 부분 되찾고 전성기를 누렸지요.

유스티니아누스 황제 ↑

비잔티움 제국이라고도 불렸던 동로마 제국은 서로마 제국보다 약 1000년을 더 버텼지만 잦은 전쟁으로 어려움을 겪었어요. 결국 1453년 오스만 제국에 콘스탄티노폴리스가 점령당하면서 동로마 제국은 멸망했답니다.

로마 제국은 화려했던 '로마의 평화' 시대 후 혼란과 분열을 거듭하다 역사 속으로 사라졌어요. 하지만 로마 제국이 남긴 건축 기술과 도로망, 상수도 시스템 등은 오늘날에도 활용되고 있지요. 여기서 퀴즈!

Q 로마 제국이 남긴 유산 중 오늘날 모든 국가들이 여러 제도나 정치·사회 시스템을 만들고, 사람들 사이의 갈등을 해결하는 데 기초가 된 이것은 무엇일까요?

윽, 이건 좀 어려운 퀴즈 같은데……. 상수도 시스템을 이야기하셨으니까 공중목욕탕?

말도 안 돼. 목욕탕이 사람들 사이의 갈등을 해결해 주지는 않지.

갈등을 해결하려면, 사람들을 하나로 모으는 게 필요해. 그렇다면, 스포츠? 스포츠 경기를 보면서 응원하다 보면 화합이 되잖아.

맞는 말이지만, 정치·사회 시스템을 만들 수는 없지. 공차연, 너도 틀릴 때가 있네.

모든 나라에서 꼭 필요한 거라면 어떤 제도 같은 거 아닐까?

아, 그렇지! 교수님, 요리에도 레시피가 필요하듯 나라를 다스리는 데 꼭 필요한 법률이 아닐까요?

오, 정답! 바로 법이에요.
법치주의 사상이나 배심원 제도, 시민들이 정치에 참여하는 것 등은 모두 로마가 만든 법률에서 영향을 받았답니다.

HISTORY AIRLINE

2부 이집트의 클레오파트라

FROM ITALY　　TO EGYPT

Boarding Pass
① 고대 이집트와 클레오파트라
② 로마 제국과 클레오파트라

이탈리아

이집트

국가명	이집트 아랍 공화국
수도	카이로
민족	이집트인(99.6%), 모로코·리비아·누비안·터키 민족(0.4%)
먹을거리	에이쉬(빵), 코샤리, 몰로키야
종교	수니파 이슬람(90%), 기독교 10%(콥트교 비중 85%)
언어	아랍어

세계사 (기원전)
- 이집트, 나일강 유역에서 농경 시작 6000년쯤
- 상·하 이집트 왕국 통일 3000년쯤
- 프톨레마이오스 왕조 성립 305년
- 클레오파트라 탄생 69년

한국사
- 2333년 고조선 건국
- 108년 고조선 멸망

로마 제국을 말할 때 이집트를 빼놓을 수 없어요. 이집트는 오랫동안 통일 왕국을 유지했는데, 그 중심에는 파라오가 있었어요. 파라오는 종교와 정치를 결합한 절대적인 왕이었어요. 고대 이집트가 로마 제국과 어떤 관계였는지 이집트의 역사를 알아보고 마지막 파라오인 클레오파트라가 로마 제국에 맞서 어떤 정치와 외교를 펼쳤는지 알아보아요.

클레오파트라 즉위	클레오파트라, 로마의 카이사르와 만남	클레오파트라, 로마의 안토니우스와 결혼	악티움 해전 발발	클레오파트라 죽음 이집트, 로마에 편입
51년	48년	34년	31년	30년

57년
신라
건국

37년
고구려
건국

1장 고대 이집트와 클레오파트라

여러분, 이제 우리는 이집트 가자에 왔어요. 우리는 이곳에서 이집트 역사와 함께 로마 제국의 이야기를 이어 갈 거예요. 고대 이집트와 로마 제국은 서로 연결된 부분이 많거든요. 먼저 이집트가 어떤 나라인지부터 알아볼까요?

이집트는 아프리카 북부에서 가장 살기 좋은 나일강을 끼고 있는 나라예요. 사막과 바다 등이 광활하게 펼쳐진 경이로운 자연과 6000년 역사를 품고 있는 고대 문명의 발상지이지요.

이집트 문명의 유적인 피라미드는 유네스코 세계 문화유산이에요. 가자에 있는 스핑크스, 쿠푸 왕의 피미라드는 고대 문명의 불가사의로 꼽히지요. 이집트는 인류 문명의 기원을 눈으로 직접 볼 수 있는 곳 중 하나랍니다.

쿠푸 왕의 피라미드 ↓

나일강의 축복, 이집트 문명

 기원전 3000년, 나일강으로 사람들이 몰려들었어요. 사람들은 나일강을 따라 마을을 이루고 강에서 고기도 잡고 농사도 지으며 살았지요. 나일강은 해마다 7월부터 11월까지 큰비가 내렸어요. 큰비가 내린 뒤에는 나일강 상류에서 흘러내려 온 영양가 있는 흙들이 하류에 쌓여 땅이 매우 기름져졌어요. 그래서 나일강 하류는 일찍이 곡식이 잘 자랐고 이곳에 사는 사람들은 안정적인 생활을 할 수 있었지요. 이집트 문명은 나일강의 축복 속에서 이렇게 꽃피기 시작했어요.
 이집트인들은 큰비가 올 때 강물이 넘쳐 마을에 흘러들지 않게 둑을 쌓고, 가뭄이 들 때를 염려해 저수지를 만들기도 했어

↑ 나일강

요. 자연스럽게 관개 시설을 만드는 기술과 토지의 경계를 분명히 하기 위한 측량 기술과 기하학이 발전했지요.

또 나일강의 물이 언제 넘치는지 알기 위해 하늘의 별을 관측했고 하늘에 뜬 별이 제자리로 돌아오는데 365일이 걸린다는 사실을 알아냈어요. 이것은 훗날 이집트 원정을 온 율리우스 카이사르가 율리우스력을 만드는 밑바탕이 됐지요.

율리우스력
기원전 46년, 로마의 군인이자 정치가인 율리우스 카이사르가 이집트의 천문학자의 의견에 따라 만든 달력이다. 카이사르 달력이라고도 한다.

기상 원리를 안 덕분에 농사의 수확량이 늘자 인구가 늘어났어요. 이제 많은 사람들을 이끌고 농사를 지휘할 지도자가 필요했지요. 마을마다 지도자가 나오고, 지도자를 중심으로 마을끼리 싸우고 합치는 혼란을 겪었어요. 이 과정을 거쳐 이집트에는 나일강 상류 쪽과 하류 쪽에 각각 왕국이 들어서게 됐어요.

상류의 상이집트 왕국과 하류의 하이집트 왕국은 다른 지리적 조건 속에서 독자적으로 발전했어요. 각각 세력을 키운 두 왕국은 결국 부딪치게 되었지요. 그러다가 기원전 3100년경

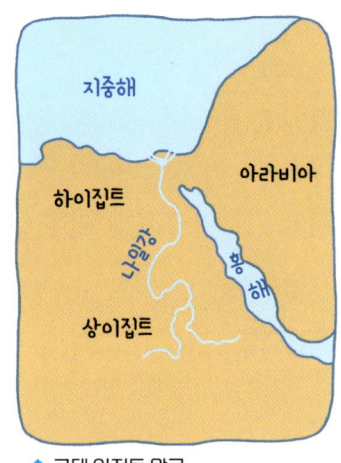
↑ 고대 이집트 왕국

상이집트의 메네스 왕이 하이집트를 합치면서 처음으로 통일 이집트 왕국을 세우고, 이집트 제1 왕조를 열었어요.

이집트는 바다와 사막으로 둘러싸여 있어서 다른 민족의 침입이 상대적으로 적었어요. 그래서 오랫동안 통일 왕국을 유지하며 화려한 문명을 바탕으로 막강한 힘을 가진 나라로 발전할 수 있었지요. 고대 이집트에는 총 32개의 왕조가 있었어요. 그중 유명한 왕들을 소개해 볼게요.

제19 왕조의 세 번째 왕 람세스 2세는 이집트를 가장 광대한 제국으로 만든 파라오였어요. 강력한 권력으로 67년간 이집트를 다스렸고 자신의 업적을 기리기 위해 이집트 곳곳에 거대한 조각상과 아부심벨, 라메세움 등의 신전을 세웠어요. 오늘날 이 건축물들은 이집트 문명의 상징물이 되었지요.

파라오는 고대 이집트의 통치자로 '큰 집에 사는 사람'이라는 뜻이에요. 파라오는 인간이 아닌 신으로 숭배되었어요.

이집트 신화에서 최고의 신은 오시리스, 이시스, 호루스예요.

난 죽음과 부활의 신, 오시리스.

난 최고의 여신, 이시스!

나는 태양신, 호루스!

이집트인들은 파라오를 신화 속 태양신인 호루스로 여겼지요.

그래서 파라오는 이승에서뿐만 아니라 저승에서도 영혼이 죽지 않는다고 믿었고, 파라오가 죽으면 미라로 만들었어요.

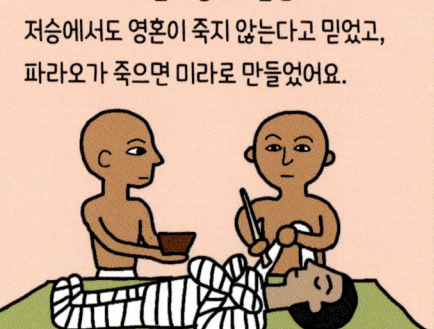

그리고 거대한 무덤을 지어 그 미라를 부장품과 함께 묻었어요. 거대한 피라미드는 파라오가 영원히 사는 큰 집이었던 거예요.

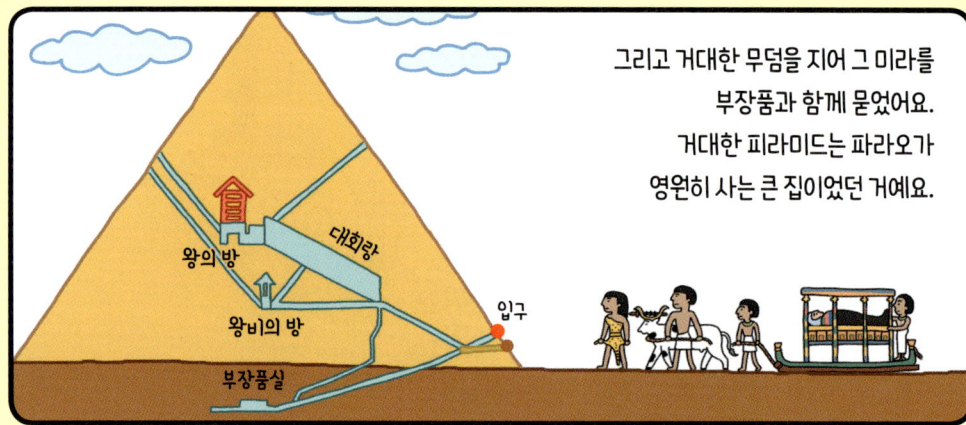

제18 왕조의 열두 번째 왕이었던 투탕카멘은 1922년 제18~20 왕조 왕들의 공동 묘역인 '왕가의 계곡'에서 유일하게 도굴이 되지 않은 상태로 무덤이 발견되어서 유명한 파라오예요. 투탕카멘은 기원전 1361년에 아홉 살 나이로 파라오가 되었는데, 열여덟 살에 죽고 말았어요.

↑ 투탕카멘 황금 가면

투탕카멘이 왜 어린 나이에 죽었는지 기록이 거의 없어 처음에는 이런저런 의혹과 소문이 무성했어요. 게다가 무덤 발굴에 참여했던 사람들이 차례로 의문의 죽음을 당하면서 '미라의 저주', '투탕카멘의 저주'란 말이 생겼어요.

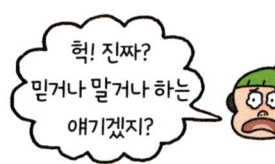

훗날 DNA 분석을 통해 투탕카멘이 말라리아에 걸려 목숨을 잃었다는 사실이 밝혀졌어요. 하지만 투탕카멘의 죽음에 대한 의혹은 지금도 영화나 만화의 소재로 자주 등장한답니다.

고대 이집트 왕국의 마지막 파라오였던 클레오파트라 여왕도 널리 알려져 있어요. 클레오파트라는 로마와 아주 인연이 깊은 여왕이지요. 이제부터 그 이야기를 시작해 볼게요.

이집트 여왕 클레오파트라 7세

이집트는 기원전 332년 마케도니아의 알렉산드로스 대왕에게 정복되었어요. 알렉산드로스 대왕이 죽은 뒤 마케도니아인인 프톨레마이오스 1세가 기원전 305년에 이집트의 왕이 되었어요. 이집트인들은 프톨레마이오스 1세를 이집트 왕국 파라오의 후계자로 인정해 주었고, 이후 275년간 이집트는 프톨레마이오스 가문이 다스렸어요. 이집트 왕을 프톨레마이오스 가문에서 했기 때문에 이때의 왕조를 프톨레마이오스 왕조라고 한답니다.

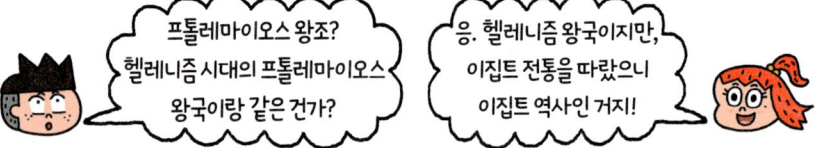

프톨레마이오스 왕조?
헬레니즘 시대의 프톨레마이오스 왕국이랑 같은 건가?

응. 헬레니즘 왕국이지만, 이집트 전통을 따랐으니 이집트 역사인 거지!

프톨레마이오스 가문의 남자는 대부분 프톨레마이오스, 여자는 클레오파트라 또는 베레니케 등의 이름으로 불렸어요. 그래서 프톨레마이오스란 이름을 가진 왕이 모두 열세 명, 클레오파트라라는 이름을 가진 여왕이 모두 일곱 명이에요. 우리가 흔히 아는 클레오파트라는 고대 이집트의 마지막 여왕 클레오파트라 7세랍니다.

클레오파트라는 많은 사람들에게 절세 미모의 여왕으로 알려져 있어요. "클레오파트라의 코가 1센티미터만 낮았어도 세계 역사는 달라졌을 것"이라고 프랑스의 철학자 파스칼이 말할 정도로 클레오파트라는 아름다웠고, 세계 역사에 미친 영향이 컸어요. 하지만 한편에서는 '나쁜 여왕, 구역질 나는 여왕'이라고 거친 평가를 하기도 해요.

역사 속 인물을 평가할 때는 한 가지 꼭 기억할 것이 있어요. 역사는 언제나 승리한 자의 기록이라는 거예요. 승리한 이들이 자신들의 입장에서 유리한 평가를 내리는 경우가 있으니, 우리가 진실을 알기 위해서는 세계의 역사를 벌거벗겨 보아야 하는 것이겠죠?

클레오파트라를 어떻게 평가하든, 클레오파트라가 강렬한 인상과 매력을 가진 사람이었던 것은 사실이에요. 오늘날 남아 있는 유물들에서도 그 모습을 짐작할 수 있지요. 하지만 우리가 주목해야 할 것은 클레오파트라의 미모가 아니랍니다. 우리는 당대

클레오파트라 →

최강국인 로마 제국에 맞서 이집트를 지켜 냈던 클레오파트라의 지성과 정치력에 주목할 거예요.

프톨레마이오스 왕조가 다스리는 이집트 땅은 셀레우코스 왕조의 시리아 왕국과 국경을 접하고 있었어요. 두 나라는 국경 지역을 두고 시리아 전쟁˚을 했는데, 기원전 168년 이집트는 시리아 왕국에 점령될 위기에 처해요. 그때 이집트는 로마의 도움을 받아 위기에서 벗어났고 이후부터 로마의 보호를 받게 됐어요.

> **시리아 전쟁**
> 기원전 3세기부터 기원전 2세기경까지 이집트와 시리아가 국경 지역인 코엘레 시리아를 두고 6차에 걸쳐 싸운 전쟁이다.

로마는 보호국이 된 이집트를 간섭했고 기원전 65년에는 아예 합병할 계획을 세우기도 했어요. 이집트의 곡창 지대가 탐났기 때문이지요. 이때 왕이었던 프톨레마이오스 12세가 로마에 막대한 뇌물을 주어 간신히 이를 막았어요. 하지만 로마는 쉽게 이집트를 포기하지 않았어요.

로마가 이집트를 호시탐탐 노리고 있던 기원전 69년, 알렉산드리아 궁전에서 클레오파트라가 태어났어요. 당시 프톨레마이오스 12세는 민심을

← 프톨레마이오스 12세

잃은 상태였어요. 로마의 권력자 폼페이우스, 카이사르 등에게 재물을 바치기 위해 높은 세금을 거뒀거든요. 클레오파트라가 열두 살이 되던 때 이집트인들이 반란을 일으켰어요. 깜짝 놀란 프톨레마이오스 12세는 로마로 잠시 피신을 했어요.

그런데 그사이 클레오파트라의 언니인 베레니케가 아버지가 자리를 비운 왕좌를 차지했어요. 이 사실을 안 프톨레마이오스 12세는 다시 이집트로 돌아와 딸 베레니케를 죽여 버렸어요. 이 모습을 지켜본 클레오파트라는 권력에 큰 욕심을 가지지 않게 되었어요.

클레오파트라는 어릴 적부터 지식에 관심이 많았어요. 당시 알렉산드리아 도서관에는 세계 각지에서 온 책이 무려 70만 권이나 있었고 다양한 나라의 학자들이 머물며 교류하고 있었어요. 그런 알렉산드리아 도서관은 어린 클레오파트라에게 재밌는 놀이터였지요. 틈만 나면 도서관에 가서 책을 읽고 다양한 나라에서 온 학자들과 토론을 했어요. 그러면서 자연스럽게 언어를 익혀 에티오피아어, 아랍어, 히브리어,

시리아어 등 무려 9개 국어로 말할 수 있게 되었어요. 이때 익힌 지식과 언어는 훗날 클레오파트라가 여왕이 되어 외교를 펼칠 때 유용하게 쓰였지요.

기원전 51년, 클레오파트라가 열여덟 살이 되던 해 아버지 프톨레마이오스 12세가 세상을 떠났어요. 언니인 베레니케가 죽었기 때문에 왕위를 물려받을 사람은 클레오파트라와 남동생뿐이었어요. 왕은 당연히 자식 중 큰딸이 된 클레오파트라가 되어야 했어요. 여기서 퀴즈!

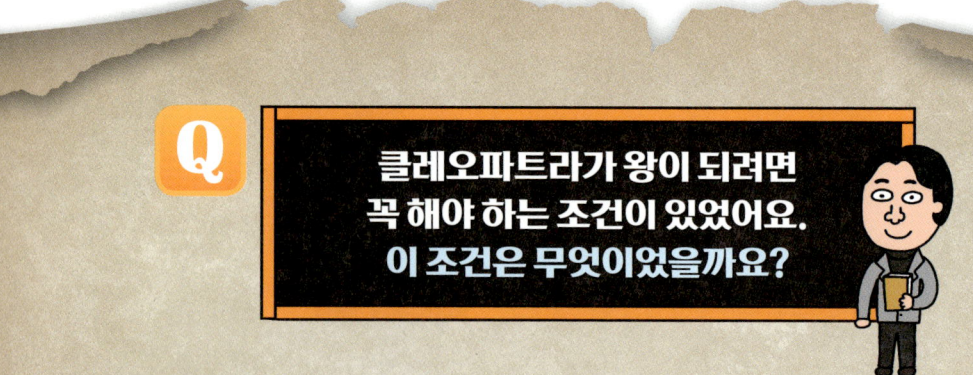

 당시 열여덟 살이었으니까 성인이 될 때까지 기다린다는 조건?

 더 어린 나이에 왕이 된 사람도 있는데, 그건 아니지. 이집트는 신들이 많으니까 신들에게 제사를 하지 않았을까?

 문제가 너무 어려웠나요? 힌트를 주자면, 순수 혈통을 지켜야 한다는 점이었어요.

 외국인을 만나지 말아야 한다는 조건인가?

 혹시 다른 사람들과 결혼을 하면 안 되는 거 아닐까요? 이거 말도 안 되는 것 같지만, 혹시 설마 가족이랑 결혼?

 정답! 당시 여자는 혼자서 단독으로 왕이 될 수 없었어요. 고대 이집트에서는 순수 혈통을 지키기 위해 남매나 사촌끼리 결혼을 했지요. 클레오파트라의 언니인 베레니케 역시 사촌과 결혼을 했어요. 클레오파트라도 왕이 되기 위해서 남동생 프톨레마이오스 13세와 결혼을 해야 했답니다. 그리고 3년 뒤 아버지가 죽자 왕위에 오른 것이지요.

2장 로마 제국과 클레오파트라

기원전 51년, 열여덟 살의 클레오파트라가 파라오로 즉위했어요. 클레오파트라가 즉위하여 처음으로 온 곳이 바로 지금 우리가 온 테베 남쪽에 있는 헤르몬티스랍니다.

클레오파트라가 헤르몬티스에 온 것은 파라오를 지켜 주는 수호신인 황소 부키스 신상을 설치하기 위해서였어요. 클레오파트라는 부키스 앞에서 이렇게 말했어요.

"부키스여! 나에게 힘과 지혜를 주소서!"

당시 이집트는 로마의 내정 간섭˙을 받고 있었어요. 그런데 당시 로마는 내부적으로 폼페이우스와 카이사르의 힘

내정 간섭
한 국가가 다른 나라의 정치와 외교에 개입하여 자기 의도대로 처리하는 것을 말한다.

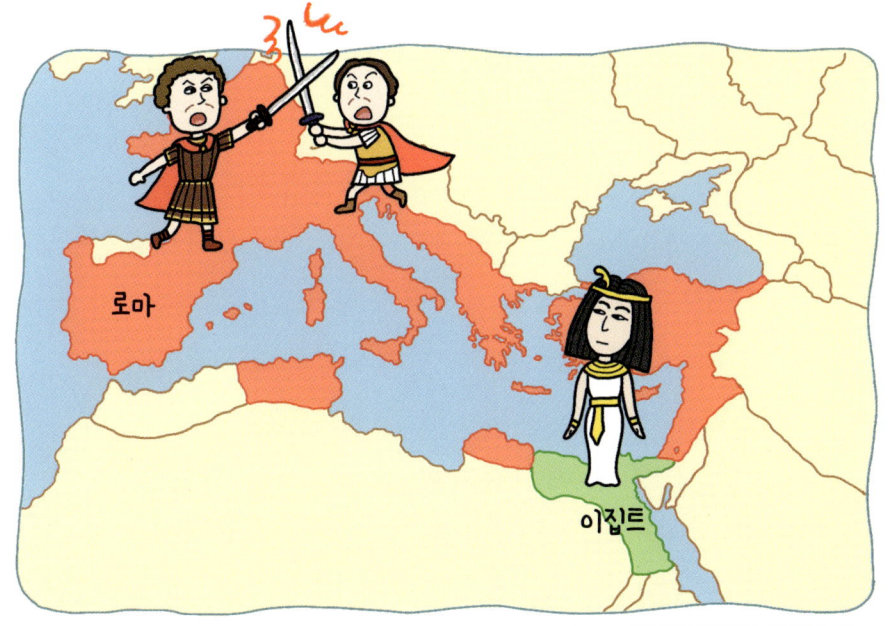

기원전 51년경 로마 제국 ↑

대결이 한창이었어요. 클레오파트라는 이 속에서 이집트를 지켜 내는 것이 자신의 임무이며, 그러기 위해서는 자신이 강한 힘과 지혜를 발휘해야 한다고 생각했던 거예요.

왕위에 오른 클레오파트라

열여덟 살 클레오파트라와 결혼한 남동생은 프톨레마이오스 13세로, 당시 나이는 열한 살이었어요. 두 사람은 공동으로 나라를 다스리기로 했지만, 성년에 가까운 클레오파트라가 가정 교사의 도움을 받아 정치를 주도했어요. 프톨레마이오스 13세는 누

↑ 프톨레마이오스 13세

나이자 부인인 클레오파트라를 간섭하지 않았어요.

여왕이 하는 일은 다양했어요. 그중 가장 중요한 임무는 신들을 모시는 일이었어요. 특히 태양신 '라'를 잘 모셔야 했는데 사원을 짓고 사제들을 시켜 제물을 바치는 일을 주관했지요. 신처럼 모셔지는 왕이었지만 왕의 역할은 결코 쉽지 않았지요.

이집트에서 농업은 매우 중요했어요. 농업은 이집트가 막대한 경제적 부를 누리는 기반이었지요. 나일강이 범람해 농사

가 잘되면 문제가 없지만, 가뭄이 들어 농사가 잘 안 되면 굶어 죽는 사람이 생겼고, 경제적으로 위기가 닥쳤어요. 그리고 모든 비난의 화살이 왕에게 쏟아졌어요.

> 왕도 힘든 직업이네. 쉬운 일이 없어.

클레오파트라가 즉위한 지 얼마 되지 않아 가뭄이 들었어요. 농사가 잘 되지 않아 곡물 가격이 오르고 화폐 가치가 떨어졌지요. 클레오파트라는 알렉산드리아 도서관에서 쌓은 지식을 바탕으로 화폐 가치를 일부러 더 떨어뜨려 환율을 낮췄어요. 또 국채를 발행해 시민들에게 팔고, 그 돈으로 나라를 운영했어요. 오늘날 정부가 할 법한 일들을 고대 이집트의 여왕 클레오파트라가 한 거예요. 클레오파트라의 조치로 이집트는 경제 위기를 극복했어요.

국채
국가가 발행하는 차용 증서인 채권으로, 자금 조달이나 정책 집행을 위해 만든 것이다.

클레오파트라가 왕이 된 후 이집트는 점점 안정을 되찾았어요. 이집트인들은 클레오파트라를 지지했지요. 이집트인들에게 클레오파트라는 이전 프톨레마이오스 왕조 왕들과 다르게 받아들여졌어요. 클레오파트라는 이집트 신들을 직접 모셨고, 이집트어를 자유자재로 구사하며 이집트인들과 소통했어요. 이집트어를 잘하지 못했던 이전 왕들에게 거리감을 느꼈던 이집트인들은 클레오파트라를 좋아했어요.

↑ 이시스에게 공물을 바치는 클레오파트라

"진짜 이시스 여신이 나타났다! 태양의 딸, 클레오파트라 만세!"

이집트인들은 클레오파트라가 하는 일을 지지하고 응원했어요. 클레오파트라의 인기가 올라가자 프톨레마이오스 13세와 그 측근들은 못마땅했어요. 클레오파트라를 밀어낼 기회를 엿보았지요.

클레오파트라가 즉위한 지 3년째 되던 해에 가뭄이 들자 프톨레마이오스 13세는 그게 다 클레오파트라 때문이라고 소문을 퍼뜨렸어요. 사람들은 거짓 소문을 믿고 하루빨리 클레오파트라를 쫓아내야 한다고 했지요.

클레오파트라와 프톨레마이오스 13세 사이에 권력 투쟁이 벌어졌고, 이 싸움에서 클레오파트라는 지고 말았어요. 클레오파트라는 추방되었고, 프톨레마이오스 13세는 원했던 대로 단독 왕이 되어 이집트를 이끌었어요. 클레오파트라는 이집트 밖에 머무르며 군대를 모아 프톨레마이오스 13세를 공격할 준비를 했어요.

클레오파트라와 로마의 인연

자, 그럼 이 상황에서 로마를 살펴볼까요? 로마는 폼페이우스와 카이사르가 대결을 펼치고 있었어요. 기원전 49년, 루비콘강을 건넌 카이사르가 승기를 잡았고, 폼페이우스는 이집트로 도망을 왔어요.

이집트 왕 프톨레마이오스 13세는 카이사르가 곧 로마 최고의 권력자가 될 거라고 생각했어요. 카이사르에게 잘 보여서 자신의 왕위를 탄탄하게 하고 싶었지요. 그래서 이집트로 도망을 온 폼페이우스를 죽이고 머리를 잘라 카이사르에게 보냈어요. 그런데 죽은 폼페이우스를 본 카이사르는 무척 분노했어요. 싸우긴 했어도 그가 죽기를 바라진 않았던 거예요. 폼페

이우스를 경쟁자이자 친구로 생각했던 거지요.

프톨레마이오스 13세가 폼페이우스를 처단했다는 소식을 들은 클레오파트라는 카이사르를 만나야겠다고 생각했어요.

카이사르가 프톨레마이오스 13세에게 화가 나 있던 것을 잘 이용해서 자신이 다시 파라오 자리로 올라가고 싶었기 때문이에요.

당시 클레오파트라는 권력 투쟁에서 밀려나 이집트에서 추방돼 알렉산드리아를 떠나 있는 상태였어요.

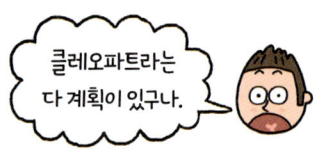

카이사르는 이집트 내정을 파악하면서 이집트를 비롯한 동방 국가들을 원정하려고 했어요.

클레오파트라는 카이사르를 자기편으로 만들어 동방 원정으로부터 이집트를 지키고, 그의 지원을 받아 동생 프톨레마이오스 13세와의 권력 투쟁에서도 이길 계획이었어요.

드디어 클레오파트라가 카이사르에게 사절을 보냈지만 소통하는 게 쉽지 않았어요. 그래서 카이사르를 직접 만나기로 결심했지요. 여기서 문제!

Q 클레오파트라는 동생의 눈을 피해 어떤 방법으로 카이사르를 만났을까요?

그때는 클레오파트라가 이집트에 얼씬도 못할 때였는데, 어떻게 했지?

변신! 알렉산드리아 도서관에서 마술이나 마법을 다룬 책을 읽었을지도 몰라.

말도 안 돼. 변장이라면 모를까. 뭐 그래도 미모는 가릴 수 없었겠지만! 교수님, 자신의 얼굴을 알아보지 못하게 변장을 했을 것 같아요.

그럴 듯하군요. 하지만 땡! 카이사르에게 얼굴을 보여 줘야 하니까 변장은 하지 않았어요.

변신도, 변장도 아니면, 고양이처럼 살금살금?

사람들의 눈을 피해 숨어서 들어갔을 것 같은데…….

그럼 숨을 만한 뭔가가 필요하잖아. 어디에 끼어서 들어갔을까?

시녀들 틈에 끼어 갔을까? 음식을 갖다주는 시녀인 척하고 가는 거지.

그럼 시녀들이 눈치챌 수 있잖아. 뭔가를 뒤집어쓰거나 어딘가에 몸을 감췄을 것 같아.

아! 선물, 선물! 카이사르한테 선물을 준다고 하면서 선물 상자 같은 곳에 들어가서 '짠' 하고 나타났을 것 같아요!

딩동댕! 정답. 클레오파트라는 동생 눈에 띄지 않게 꾀를 내었어요. 바로 카이사르에게 포대 자루를 배달하는 거였어요. 상인은 클레오파트라가 몸을 감춘 포대 자루를 짊어지고 카이사르에게 가서 선물이라며 주었어요. 그리고 포대 자루가 풀어지면서 아리따운 여인, 클레오파트라가 카이사르의 눈앞에 나타났죠.

드디어 클레오파트라는 카이사르를 만났어요. 이때 클레오파트라는 스물한 살, 카이사르는 쉰두 살이었어요. 카이사르는 젊고 아리따운 클레오파트라와 사랑에 빠졌고, 언제나 함께해 주기로 약속했지요.

카이사르, 얘기 좀 해요.

무슨 얘기든 다 들어주겠소.

카이사르는 이집트에 머무르는 동안, 클레오파트라의 편에 서서 프톨레마이오스 13세를 죽였고 배를 띄워 승리를 축하했어요. 카이사르는 클레오파트라를 이집트의 왕으로 인정하고, 이집트의 독립을 보장해 주었어요. 그런 뒤 카이사르는 이집트를 제외하고 동방 원정을 벌여 소아시아 지역과 아프리카 북동부 지역을 로마 땅으로 만들었지요.

한편 카이사르가 자리를 비운 사이 로마는 카이사르의 오른팔인 안토니우스가 지키고 있었어요. 카이사르는 클레오파트라와 지내고, 동방 원정까지 성공적으로 끝낸 뒤 로마로 돌아갔어요.

↑ 카이사리온

클레오파트라는 이집트에서 카이사르의 아들을 낳았어요. 아들의 이름을 '프톨레마이오스 카이사르'라고 짓고 작은 카이사르라는 뜻의 '카이사리온'이라고 불렀어요. 자기 왕조의 이름과 카이사르의 이름을 다 넣은 거예요.

로마는 난리가 났어요. 독재관인 카이사르가 이집트 여왕과의 사이에서 아들을 낳았다는 사실이 무척 충격적으로 받아들여졌지요. 로마인들은 그 아들이 로마를 다스린다면, 로마가 이집트의 속국이 되는 것이 아니냐며 우려했어요.

이집트도 마찬가지였어요. 이집트인들은 자신들이 여신으로 추앙하는 클레오파트라가 로마 통치자의 아이를 낳은 걸 상상도 못했지요. 클레오파트라는 자신의 아들로 인해 문제가 생기지 않게 신경 써야 했어요.

카이사르가 로마로 떠나고 얼마 뒤인 기원전 46년, 클레오파트라는 아들 카이사리온을 데리고 로마로 갔어요. 이집트의 진귀한 보물들과 함께 클레오파트라와 카이사리온이 로마에 들어서자 로마 시민들이 이들을 보기 위해 구름떼처럼 몰려들었어요.

하지만 클레오파트라를 반기지 않는 이들도 있었어요. 바로 원로원이었지요. 원로원은 클레오파트라와 아들이 로마의 지배자가 될까 봐 두려워했어요. 그런 가운데 카이사르는 로마 신전에 클레오파트라의 동상을 만들기도 했어요. 이집트 여왕을 로마의 신과 같이 모신다는 뜻이었지요. 클레오파트라가 카이사르를 쥐락펴락한다는 소문이 퍼졌어요. 로마인들은 점점 카이사르를 좋지 않게 생각하게 되었고 원로원과 일부 귀족들 역시 부득부득 이를 갈았어요.

"이대로는 안 되겠어. 카이사르를 없애야겠어!"

일부 원로원 의원들은 계략을 꾸몄어요. 카이사르가 독재관의 임기를 점점 늘리더니 자신이 영원히 독재관을 하겠다고 선언하자 결국 그들은 카이사르를 죽이고 말아요.

카이사르는 유언장으로 자신의 후계자를 지명해 놓았어요. 바로 옥타비아누스였지요. 카이사르의 오른팔인 안토니우스와 클레오파트라는 무척 실망했어요. 안토니우스는 자신의 이름이 쓰여 있길 바랐고 클레오파트라는 아들의 이름이 쓰여 있길 기대했으니까요.

클레오파트라는 자신의 아들이 카이사르의 후계자가 돼 로마 제국을 손에 넣는 큰 꿈을 꾸었어요. 하지만 꿈은 깨지고 말았고, 심지어 유언장에는 재산 상속에 대한 얘기도 없었어요. 클레오파트라는 허무하게 이집트로 돌아와야 했어요.

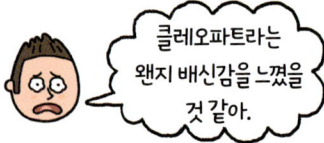
클레오파트라는 왠지 배신감을 느꼈을 것 같아.

클레오파트라의 최후

카이사르가 죽은 후 로마는 안토니우스가 로마의 동쪽을, 옥타비아누스가 로마의 서쪽을 맡았어요. 클레오파트라는 안토니우스가 곧 서아시아를 정벌하러 온다는 소식을 들었어요. 이집트가 로마의 지배를 받게 될까 봐 두려웠지요. 클레오파트라는 안토니우스가 자신의 편이 되길 바랐어요. 나쁜 관계에 있는 것보다 좋은 관계를 유지하며 이집트를 지키길 희망했지요. 새로운 권력자가 된 안토니우스도 클레오파트라를 만나고 싶어했어요.

 클레오파트라와 안토니우스의 운명적인 만남이 이루어지던 날, 클레오파트라는 아름다운 음악 연주가 흘러나오는 황금빛으로 치장한 배를 타고 나타났어요. 안토니우스는 클레오파트라를 보자마자 반해 버렸어요.

안토니우스와 클레오파트라의 만남 ↑

클레오파트라는 안토니우스의 관심을 끌기 위해 특별한 일을 벌였어요. 파티를 즐기던 어느 날 안토니우스가 보는 앞에서 커다란 진주 귀걸이를 귀에서 뺐어요. 그러고는 식초가 담긴 잔에 넣었지요. 진주는 식초와 만나면 녹는 성질이 있어요. 당시 진주는 무척 값비싼 보물이었어요. 진주가 녹자 클레오파트라는 그 식초를 마셔 버렸어요. 자신이 얼마나 부자인지 보여 주려는 행동이었지요. 안토니우스는 아름다운 데다 재력도 있는 클레오파트라에게 더욱 빠져들었어요.

사랑에 빠진 두 사람은 행복한 시간을 보냈어요. 안토니우스는 클레오파트라와 이집트의 아름다운 건축물과 멋진 명소를 구경했고, 늘 파티를 즐겼어요. 안토니우스와 클레오파트라는 미래를 약속했고 얼마 뒤 클레오파트라는 아들, 딸 쌍둥이를 낳았어요.

안토니우스는 클레오파트라에게 이집트를 공격하지 않겠다고 약속했어요. 심지어 자신이 정복한 땅들을 클레오파트라의 아이들에게 나누어 주기도 했지요.

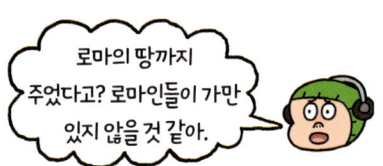
로마의 땅까지 주었다고? 로마인들이 가만 있지 않을 것 같아.

이 소식을 들은 로마인들은 분노에 휩싸였어요. 게다가 안토니우스는 이미 옥타비아누스의 누나와 결혼을 한 상태였어요.

악티움 해전 ↑

로마인들과 옥타비아누스는 그를 반역자, 배신자로 볼 수밖에 없었어요. 로마 원로원은 안토니우스를 집정관에서 해임하고, 클레오파트라에게 선전 포고를 했어요.

기원전 31년, 옥타비아누스가 이끄는 함대와 안토니우스의 함대가 그리스의 악티움 앞바다에서 충돌했어요. 결국 전쟁이 벌어진 거예요. 클레오파트라는 배 여러 척을 끌고 안토니우스를 도우러 나갔어요.

옥타비아누스는 바람의 방향을 이용한 전술로 안토니우스의 함대를 제압했어요. 안토니우스는 클레오파트라가 이끄는 배들이 이집트로 뱃머리를 돌리자 뒤따라 도망을 쳤지요. 그 후로 몇 번의 전투가 더 있었지만, 안토니우스는 옥타비아누스를 이길 수 없었어요.

악티움 해전에서 승리한 옥타비아누스는 클레오파트라를

쫓아 이집트까지 왔어요. 클레오파트라는 옥타비아누스에게 왕좌에서 물러날 테니 자신의 아이들이 이집트를 통치하게 해 달라고 했어요. 사실상 항복 선언이었지요. 하지만 그걸 쉽게 들어줄 옥타비아누스가 아니었어요. 클레오파트라는 눈앞이 캄캄했어요. 모든 것을 포기한 클레오파트라는 미리 지어 둔 무덤 속에 들어가 숨었어요.

"여왕이 죽었습니다!"

안토니우스는 클레오파트라가 갑작스럽게 죽었다는 소식을 듣고 슬픔에 빠졌어요. 클레오파트라를 깊이 사랑했던 안토니우스는 클레오파트라 없이는 아무것도 할 수 없다고 생각했지요. 그래서 결국 칼로 스스로 자신을 찔렀어요. 하지만 클레오파트라가 죽었다는 건 사실이 아니었어요. 안토니우스는 들것에 실려 급히 클레오파트라에게 갔어요. 그리고 그곳에서 클레오파트라의 품에 안겨 숨을 거두었지요.

안토니우스, 죽지 말아요.

클레오파트라, 정말 사랑했소.

안토니우스가 죽자 클레오파트라도 깊은 슬픔에 빠졌어요. 하지만 슬픔을 느낄 시간은 주어지지 않았어요. 곧 로마군이 몰려와 그녀를 알렉산드리아 궁전으로 끌고 갔거든요.

옥타비아누스는 클레오파트라를 묶어 로마 시내를 끌고 다닐 생각이었어요. 이집트의 여왕을 웃음거리로 만들려고 했던 거예요. 클레오파트라도 그걸 잘 알고 있었어요. 이집트 여왕

클레오파트라는 너무 슬프게 죽은 것 같아.

으로서 그런 수모를 당할 수는 없었지요. 클레오파트라는 그럴 바에야 차라리 목숨을 끊는 게 낫다고 생각했어요.

클레오파트라는 황금 옷을 입고 황금 침대에서 숨을 거두었어요. 클레오파트라가 어떻게 죽었는지는 오늘날까지도 확실히 밝혀지지 않았어요. '코브라의 독에 물려 죽었을 것이다.'라는 식의 이야기가 전해질 뿐이지요.

이집트와 로마의 운명을 뒤흔들었던 클레오파트라! 클레오파트라는 로마의 영웅, 카이사르와 안토니우스의 마음을 사로잡아 이집트를 지키고, 자신의 권력을 유지했어요. 클레오파트라가 죽은 후 얼마 못 가 이집트는 로마의 손에 넘어가고 말았어요. 클레오파트라의 운명과 함께 이집트 왕국의 운명도 저물었답니다.

"여러분이 모두 로마 제국과 이집트 이야기를 재밌게 듣고, 세계사를 더 알고 싶어졌다고 하니 기쁘군요."

이로마 교수님은 역사 이야기를 할 때와 달리 차분한 목소리로 말했어요.

"저는 고대 로마가 **도로**와 **상수도**를 만들었다는 게 신기했어요. 그게 오늘날까지 전해졌다니 더 놀랍고요. 로마인들은 그런 걸 어떻게 만들었을까요?"

알베르토가 교수님에게 물었어요.

"로마인들은 다른 민족과 문화를 거리낌 없이 받아들이는 열린 마음이 있었어요. 또 한 명에게 권력을 집중하지 않고, 원로원, 평민회, 집정관이 나눠서 정치를 했던 것도 **대제국**을 유지하고 발전시켜 나가는 데 도움이 되었지요."

"전 로마랑 이집트가 이렇게 연관돼 있다는 것이 흥미로웠어요. 특히 클레오파트라 이야기가 재밌었어요. 이집트를 위해서 적을 자기편으로 만드는 데 자기 매력을 이용했다니 똑똑한 여왕이었던 것 같아요. 항상 치밀하게 생각하며 미래를 내다보며 행동했고요."

공차연의 말에 교수님은 고개를 깊이 끄덕였어요.

"클레오파트라는 죽을 때까지도 이집트가 로마 제국의 지배를 받지 않길 바랐어요. 그래서 스스로 생을 마감했는지도 모르지요. 역사 인물은 이렇게 내면까지 보아야 제대로 평가를 할 수 있답니다."

이로마 교수님은 말을 마치고는 피아노 앞에 앉았어요.

"자, 이제 두 번째 세계사 여행을 마칠 때가 되었어요. 다음에도 더 재밌고 신나는 세계사 여행을 할 수 있기를 기대할게요. 이번 여행은 제 피아노 연주로 마무리하지요. 여러분, 모두 잘 가요!"

천년 역사를 가진 고대 로마 제국과
인류 문명의 발상지인 고대 이집트의
얽히고설킨 이야기, 재미있었나요?
다음은 바다 위의 대모험과 전투!
신항로를 개척하고 아메리카 대륙을 정복해
'서유럽 전성시대'를 열고,
'해가 지지 않는 나라'로 불렸던 나라로 갑니다.
그 나라는 어떤 나라이고,
바다 위에서 어떤 이야기가 펼쳐질까요?

벌거벗은 세계사 3권에서 만나 봐요!

로마 제국의 전성기를 이끈 황제, 정체기를 만든 황제

로마 제국의 전성기를 이끈 황제

· 하드리아누스(재위 117년~138년)

하드리아누스는 로마 제국의 14대 황제예요. 다섯 명의 훌륭한 황제, 오현제 중 한 명이지요. 당시 로마는 탄탄한 군대와 막강한 힘을 가진 나라였어요. 하드리아누스 황제는 외부로부터 침입에 대비해 주변 성벽을 더욱 튼튼히 만들며 국력을 키웠어요. 전쟁은 승리를 한다 해도 피해가 커요. 하드리아누스 황제는 가능한 전쟁을 피하고 로마 제국의 발전에 힘을 쏟았어요. 행정, 군사 제도 등의 기초를 쌓고 로마법이나 학문 등을 연구했고 문화와 예술에 깊은 관심을 가졌어요. 변덕스럽고 잔혹한 면이 있다는 평가도 있지만 로마에 평화와 번영을 가져온 황제로 기억되고 있어요.

하드리아누스 →

로마 제국의 정체기를 만든 황제

· 네로(재위 54년~68년)

네로는 로마 제국의 5대 황제예요. 네로는 열여섯 살 어린 나이에 황제가 되었어요. 초기에는 로마를 잘 다스렸다는 평을 받았어요. 하지만 점차 잔인하고 포악한 성격으로 변해 폭정을 했어요. 재위 중이던 64년 어느 날 밤 로마 시내에 불길이 번져 로마 14개 지역 중 3곳이 초토화되었어요. 대화재에 대한 비난의 화살이 인기가 없던 네로 황제에게 쏟아지자 그는 화재의 원인을 크리스트교도에게 덮어씌워 처형하기도 했어요. 폭정을 일삼던 네로는 반대편에 의해 쫓겨나 스스로 목숨을 끊었어요.

← 네로

· 콤모두스(재위 180년~192년)

콤모두스는 로마 제국의 17대 황제예요. 아버지인 마르쿠스 아우렐리우스 황제 밑에서 부황제 역할을 했지만 단독 황제가 된 때부터는 나랏일을 돌보지 않았어요. 로마 대화재 후 새 건물을 지을 때 콤모두스라는 이름을 넣는 등 우상화 작업을 했고, 검투사 경기에 직접 참여해 정적들을 죽이기도 했어요. 그러다 결국 암살당하고 말았지요.

콤모두스 →

로마의 종교와 신분

로마의 종교

고대 로마인들은 다양한 신을 숭배했어요. 산, 바다 같은 자연 신, 그리스에서 전해진 신, 카이사르처럼 존경받는 인물도 신으로 섬겼지요. 이후 제정 시대에 크리스트교가 로마에 전파되었어요. 경제적, 정치적으로 혼란했던 로마에서 크리스트교는 가난한 사람들을 중심으로 퍼져 나갔어요. 로마는 초기에는 크리스트교를 용인했지만, 유일신을 믿는 크리스트교도들이 황제를 신으로 모시는 것을 우상 숭배라며 부정하자 크리스트교도들을 박해했어요. 그럼에도 불구하고 크리스트교를 믿는 로마인은 늘어났어요. 결국 크리스트교는 313년 공식 종교로 인정받았고, 392년에는 로마의 국교가 되었어요.

↓ 사계의 신들

로마 시민의 삶, 노예의 삶

로마 제국은 로마를 중심으로 사람들의 신분을 여섯 층으로 나누었어요. 로마 시민은 귀족, 기사, 평민이었어요. 귀족은 노예를 부려 라티푼디움을 경영하며 풍족한 삶을 살았고, 기사나 평민 중에서도 상업이나 농업을 통해 부유하게 사는 이들이 많았지요. 로마 제국 내에 사는 지방민, 로마 제국 밖에 사는 외국인, 그리고 로마가 정복한 곳에서 끌려온 노예들은 로마 시민으로 인정받지 못했어요. 로마는 가난한 집도 노예를 둘 정도로 노예 제도가 자연스러웠고, 노예는 사고팔 수 있는 재산으로 취급되었어요.

귀족

가장 높은 신분층으로, 권력이 세고, 라티푼디움 경영으로 매우 부유했다.

기사

사업가, 은행가로 권력이 세지 않지만, 부유했다.

평민

농사나 장사를 하고, 전쟁에 나갈 수 있는 로마 시민이다.

지방민

로마 제국에 속하는 곳에 살면서 세금을 냈다.

외국인

로마 제국 밖에서 사는 모든 사람이다.

노예

농장일이나 집안일을 했고, 재산으로 취급되었다.

History Airline
역사 정보 ❸ 이집트의 인물과 문화

피라미드 속 인물과 유산

이집트 북부에 있는 기자에는 고대 유적이 많아요. 특히 이집트 제4 왕조의 파라오인 쿠푸, 카프레, 멘카우레 왕의 피라미드가 유명해요.

쿠푸
가장 큰 피라미드를 남겼어요. 부장품이 모두 도굴돼 쿠푸 왕에 대해서는 알 수가 없으나 당시 건축과 과학이 발달했음을 알 수 있답니다.

카프레
대스핑크스와 신전을 지은 것으로 유명해요. 몸은 사자, 머리는 사람인 스핑크스의 얼굴은 카프레의 얼굴을 묘사했다고 알려졌어요.

멘카우레
쿠푸의 손자예요. 즉위하면 6년 만에 죽을 것이라는 예언이 있었으나 밤낮으로 불을 밝혀 놓아 예언을 깨고 12년을 살며 이집트를 통치했다고 해요.

멘카우레 왕의 피라미드 / 카프레 왕의 피라미드 / 쿠푸 왕의 피라미드

파피루스

고대 이집트인들은 나일강 주변에 흔히 자라던 갈대인 파피루스를 이용해 인류 최초의 종이를 만들었어요. 파피루스는 갈대를 잘라 나일강에 담갔다 꺼낸 후 말리는 등 여러 공정을 거쳐 만들어졌어요. 오늘날의 종이보다는 매끄럽지 않지만 당시에는 유럽인들까지 널리 사용하였어요.

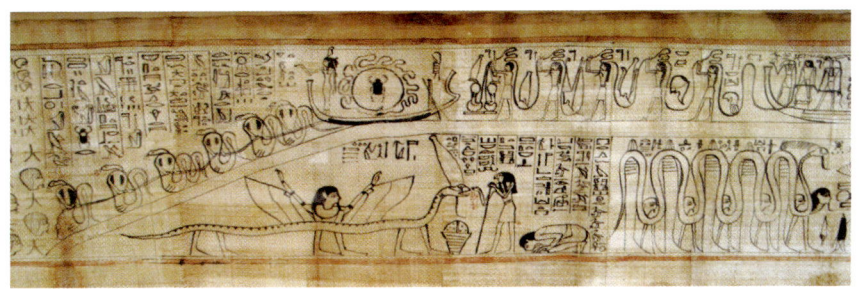

이집트의 파피루스 ↑

이집트 향수

클레오파트라는 향수를 뿌린 배를 타고 안토니우스 앞에 나타났어요. 그래서 안토니우스가 클레오파트라를 만나기 전 향수 냄새를 먼저 맡았다는 얘기도 있어요. 이집트 향수는 클레오파트라뿐 아니라 농부, 상인 등 많은 사람들이 즐겨 사용했어요. 향수는 수십 가지 원료를 섞어 만들었는데 이집트에 없는 원료는 수입하기도 했어요. 이집트인들은 향수를 머리에 쓰는 가발의 냄새를 없애기 위해 뿌리기도 했고 각종 연회에서 사용하도 했어요.

향수를 만드는 모습 ↑

이탈리아, 이집트의 오늘과 우리나라와의 관계

로마 제국의 후예, 이탈리아

이탈리아는 유럽 중남부 지중해 중심에 있는 반도 국가예요. 면적은 한반도보다 조금 크며 삼면이 바다로 둘러싸여 있어 일찍부터 해상 교역이 발달했어요. 이탈리아반도는 고대에 작은 도시 국가였던 로마가 대제국이 되었다가 멸망한 뒤 오랫동안 도시 국가들로 분열되어 있었어요. 그러다가 15세기에 피렌체와 베네치아를 중심으로 르네상스를 꽃피웠어요. 1870년 통일 이탈리아가 됐지만, 세계 대전을 겪으면서 혼란에 빠지기도 했어요. 이후 공업 도시인 북부를 중심으로 경제가 발전해 다시 일어섰어요. 오늘날 이탈리아는 수도 로마를 중심으로 패션, 요리 등이 발달하고, 나폴리, 베네치아 등 풍경이 아름다운 도시가 많아 세계인이 즐겨 찾는 나라가 됐지요. 우리나라와는 1956년 수교를 맺은 이후 우호적인 관계를 맺고 있어요.

↓ 이탈리아 베네치아

History information

문명의 발상지, 이집트

이집트는 아프리카 대륙 북동부 끝에, 북아프리카와 서아시아 사이에 있는 아랍 국가예요. 면적은 한반도보다 약 5배 넓어요. 이집트는 세계 4대 고대 문명의 발상지 중 하나로, 고대에는 강력한 왕국이었으나 기원전 332년 이후 그리스, 로마의 지배를 받았고, 7세기 이후부터 아랍권이 되어 오늘날에 이르렀어요. 이집트는 고대 문명의 유적과 이슬람 문화, 그리고 경이로운 자연이 잘 보존되어 있어요. 특히 유네스코 세계 문화유산인 피라미드와 스핑크스, 크리스트교 순교자의 무덤 근처에 세워진 신성 도시인 아부 메나 크리스트교 유적, 이집트 문명의 전성기를 보여 주는 고대 테베와 네크로폴리스 등은 세계적 관광지로 유명해요.

우리나라와 이집트는 1963년 수교를 맺었어요. 수교가 늦은 이유는 북한과 제3국의 정치적 이유 때문이었어요. 하지만 수교 이후 우리나라의 기업들이 이집트에 진출하고 경제 교류도 늘어나는 등 우호적인 관계가 계속되고 있어요.

이집트 카이로 ↓

History Airline
주제 마인드맵

천년 제국 로마의 힘

이탈리아반도의 작은 도시 국가로 출발한 로마는
서양 역사상 최대의 제국을 이룩했어요.
로마가 공화정과 제정 시대를 거쳐 멸망하기까지
천년 제국을 이룰 수 있었던 힘의 원천을 알아보아요.

정치 체제

공화정으로 제국 건설, 제정으로 제국 통치

공화정 제정

집정관, 원로원, 민회가 견제하며 균형을 이루는
체제에서 기원전 27년, 광대한 제국을 통치하기
위해 황제가 권력을 독점하는 체제로 변화

도로·교량·수도 건설

제국의 중심 도시로 로마 발전

뛰어난 토목 기술로 도로, 수도교 등을 건설하여
로마가 제국의 중심 도시로 발전

천년 제

History information

군사
군인 정치가와 황제의 영토 정복
군인 정치가와 황제가 군대를 이끌고 직접 전쟁에 나서 영토를 확장

법
평민을 보호하는 법과 모든 사람에게 적용되는 법 제정

관습법 성문법 만민법

로마 최초의 성문법인 12표법을 제정해 평민들을 보호하고, 로마 제국의 모든 사람들에게 적용되는 《유스티니아누스 법전》을 편찬하여 공표

로마

종교
로마 시민을 정신적으로 통일시킨 크리스트교

다신교 크리스트교

다신교로 수많은 신들을 믿다가 313년, 밀라노 칙령으로 유일신을 믿는 크리스트교를 인정하고 392년에 국교로 선포

문화
로마 시민의 일체감을 형성한 콜로세움
로마 시민의 단합을 위해 콜로세움에서 검투 경기 등을 구경거리로 제공

벌거벗은 세계사 퀴즈 로마 공화정 시대 편

1 로마는 이탈리아반도 중부에 있는 강 유역의 일곱 언덕에서 건국되었고, 이집트는 아프리카 동북부를 흐르는 강 유역에서 시작되었어요. 두 강의 이름을 써 보세요.

❶

❷

2 로마의 정치 체제가 어떻게 바뀌어 갔는지 시대 순서에 맞게 번호를 써 보세요.

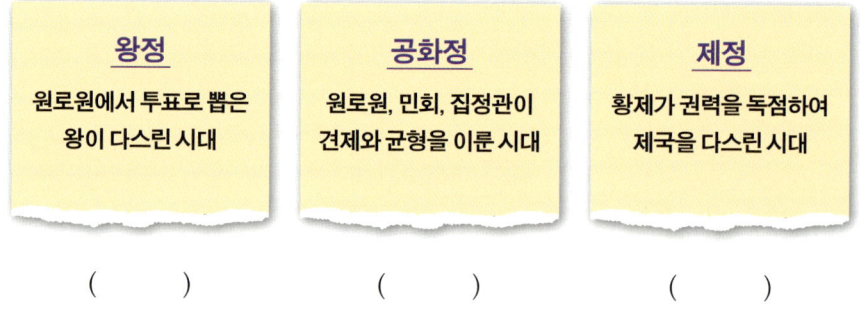

왕정	공화정	제정
원로원에서 투표로 뽑은 왕이 다스린 시대	원로원, 민회, 집정관이 견제와 균형을 이룬 시대	황제가 권력을 독점하여 제국을 다스린 시대
( )	( )	( )

History Quiz

 로마가 기원전 3세기 중엽부터 2세기 중엽까지 카르타고와 치른 전쟁을 포에니 전쟁이라고 해요. 다음 문장에 알맞은 낱말을 골라 ○ 해 보세요.

① 로마는 카르타고의 영향력 아래에 있는 (로도스섬 / 시칠리아섬)을 차지하기 위해 1차 전쟁을 일으켜 승리했다.

② 카르타고의 (한니발 / 스키피오) 장군은 알프스산을 넘어 로마를 공격하며 2차 전쟁을 일으켰으나 로마가 역전승을 거두었다.

③ 로마는 카르타고를 폐허로 만든 3차 전쟁으로 (지중해 / 아프리카) 패권을 장악했다.

 기원전 2세기 말, 로마 사회의 문제들을 해결하기 위해 그라쿠스 형제가 주장한 사회 개혁 법안을 <보기>에서 찾아 빈칸에 써 보세요.

보기   로마법   곡물법   12표법   농지법

티베리우스
귀족들이 가진 땅을 평민에게 나눠 주는 _____ 을 실시합시다!

가이우스
가난한 이들에게 곡물을 싼 값에 나눠 주는 _____ 을 실시합시다!

131

벌거벗은 세계사 퀴즈 로마 제정 시대 편

1 로마를 상징하는 건축물 가운데 하나로, 검투사의 대결, 해상 모의 전투 등의 공연을 했던 건축물은 무엇인지 골라 보세요. （   ）

① 판테온

② 피라미드

③ 콜로세움

④ 콘스탄티누스 개선문

2 다음 설명을 읽고 글자를 연결하여 인물의 이름을 완성한 후, 빈칸에 써 보세요.

'아우구스투스'라는 칭호를 받은 로마 제정의 첫 번째 황제로, '로마의 평화' 시대를 열었다.

 이집트 여왕 클레오파트라와 관련된 낱말에 대한 설명을 읽고, 가로 세로 낱말 퍼즐을 맞혀 보세요.

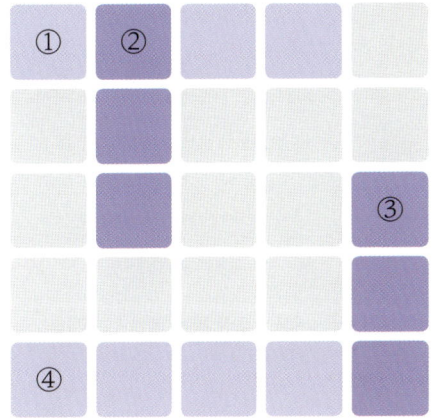

① 클레오파트라의 왕위를 인정해 준 로마의 정치가

② 악티움 해전 승리로 로마가 지배하게 된 나라 이름

③ 클레오파트라가 신격화된 이집트인들이 숭배한 최고의 여신

④ 클레오파트라에게 자신이 정복한 땅을 나눠 준 로마의 정치가

 로마 제국의 동서 분열과 멸망에 대한 설명으로 틀린 것을 골라 보세요.　　　　　　　　　　(　　)

① '로마의 평화' 시대 이후 장군들이 반란을 일으키며 사회가 큰 혼란에 빠졌다.

② 디오클레티아누스가 로마 제국의 영토를 동서로 나누어 4분할 통치를 했다.

③ 동로마 제국의 황제 유스티니아누스는 로마 제국의 영광을 되찾기 위해 노력했다.

④ 게르만족의 이동으로 서로마 제국과 동로마 제국은 함께 멸망했다.

벌거벗은 세계사 퀴즈 정답

로마 공화정 시대편

1
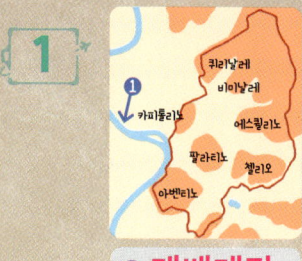

❶ 테베레강　❷ 나일강

2
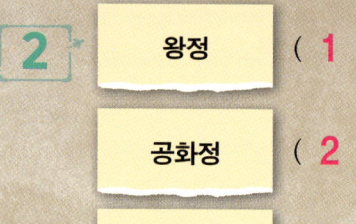
왕정 (1)
공화정 (2)
제정 (3)

3
① (로도스섬 / 시칠리아섬)
② (한니발 / 스키피오)
③ (지중해 / 아프리카)

4
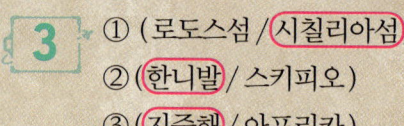
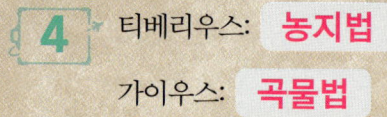
티베리우스: 농지법
가이우스: 곡물법

로마 제정 시대편

1

③ 콜로세움

2

카이사르 / 집 / 트 / 이 / 시 / 안토니우스

3

옥타비아누스

4 ④ 게르만족의 이동으로 서로마 제국과 동로마 제국은 함께 멸망했다.

해설 동로마 제국은 오스만 제국에 의해 멸망했다.

사진 출처

20쪽 판테온_게티 이미지 뱅크 | **21쪽** 판테온 부감_Pixbay | **22쪽** 아그리파 흉상, 프랑스 루브르 박물관 _위키미디어 | **26쪽** 〈카피톨리노의 암늑대〉, 이탈리아 카피톨리니 미술관_위키미디어 | **28쪽** 체사레 마카리 〈키케로의 연설〉, 이탈리아 마다마궁_위키미디어 | **32쪽** 12표법_위키미디어 | **34쪽** 켈트족의 로마 약탈 삽화_위키미디어 | **36쪽** 튀니지_게티 이미지 뱅크 | **37쪽** 카르타고 군항_플리커 | **38쪽** 〈고대 카르타고〉, 튀니지 카르타고 국립 박물관_플리커 | **40쪽** 로마 함선 모형_Martin Lokaj | **44쪽** 장바티스트 클로드 외젠 기욤 〈그라쿠스 형제〉, 프랑스 오르세 미술관_위키미디어 | **51쪽** 니콜라 쿠스투 〈율리우스 카이사르〉, 프랑스 루브르 박물관_위키미디어 | **53쪽** 빈첸초 카무치니 〈율리우스 카이사르의 죽음〉, 이탈리아 로마 국립 근대 미술관_위키미디어 | **54쪽** 콜로세움_게티 이미지 뱅크 | **58쪽** 로렌조 A. 카스트로 〈악티움 해전〉, 영국 국립 해양 박물관_위키미디어 | **59쪽** 옥타비아누스 조각상, 이탈리아 바티칸 미술관_위키미디어 | **60쪽** 네르바 두상, 이탈리아 로마 국립 박물관_위키미디어 / 트라야누스 두상, 독일 뮌헨 국립 고대 미술관_위키미디어 / 하드리아누스 두상, 이탈리아 로마 국립 박물관_위키미디어/ 안토니누스 피우스 흉상, 스페인 프라도 박물관_위키미디어 / 마르쿠스 아우렐리우스 흉상, 프랑스 생레이몽 박물관_위키미디어 | **61쪽** 콜로세움_위키미디어 | **62쪽** 콜로세움 아이콘_Pixbay / 검투사 대결, 스페인 국립 고고학 박물관_플리커 / 맹수 사냥, 터키 모자이크 박물관_위키미디어 / 동물 싸움, 미국 뉴욕 메트로폴리탄 미술관_위키미디어 / 울피아노 체카 〈나우마키아〉, 스페인 울피아노 체카 시립 박물관_위키미디어 | **66쪽** 아피아 가도_위키미디어 | **67쪽** 수도교_위키미디어 | **68쪽** 카라칼라 욕탕_위키미디어 | **69쪽** 트레비 분수_위키미디어 | **70쪽** 테오도시우스 오벨리스트_위키미디어 | **71쪽** 콘스탄티노폴리스 고지도_플리커 | **73쪽** 콘스탄티누스 대제 조각상_위키미디어 | **77쪽** 유스티니아누스 황제 모자이크, 이탈리아 산비탈레 성당_위키미디어 | **82쪽** 기자의 스핑크스와 피라미드_게티 이미지 뱅크 | **83쪽** 쿠푸 왕의 피라미드_위키미디어 | **84쪽** 나일강_위키미디어 | **86쪽** 아부심벨 신전_위키미디어 | **87쪽** 라메세움 신전_위키미디어 | **89쪽** 투탕카멘 황금 가면_이집트 박물관 | **91쪽** 클레오파트라 조각상, 이탈리아 바티칸 미술관_위키미디어 | **92쪽** 프톨레마이오스 12세 조각상, 이집트 그리스·로마 박물관_위키미디어 | **96쪽** 헤르몬티스 신전_위키미디어 | **98쪽** 프톨레마이오스 13세_위키미디어 | **100쪽** 이시스 신에게 공물을 바치는 클레오파트라 석판, 프랑스 루브르 박물관_위키미디어 | **105쪽** 장레옹 제롬 〈클레오파트라와 카이사르〉_핀터레스트 | **107쪽** 카이사리온, 미국 필라델피아 프랭클린 과학 박물관_위키미디어 | **109쪽** 로렌스 알마타데마 〈안토니우스와 클레오파트라의 만남〉, 개인 소장_위키미디어 | **111쪽** 악티움 해전 태피스트리, 미국 시카고 미술관_위키미디어 | **113쪽** 〈안토니우스의 죽음〉_미국 뉴욕 메트로폴리탄 미술관 | **114쪽** 장 앙드레 릭상 〈클레오파트라의 죽음〉_위키미디어 | **119쪽** 스페인 바르셀로나_PxHere | **120쪽** 하드리아누스 조각상, 이탈리아 카피톨리니 미술관_위키미디어 | **121쪽** 네로 두상, 이탈리아 카피톨리니 미술관_위키미디어 / 콤모두스 흉상, 이탈리아 카피톨리니 미술관_위키미디어 | **122쪽** 석관에 장식된 사계의 신_미국 뉴욕 메트로폴리탄 미술관 | **124쪽** 쿠푸 조각상, 이집트 박물관_위키미디어 / 카프레 조각상, 이집트 박물관_위키미디어 / 멘카우레 부조, 이집트 박물관_위키미디어 / 피라미드_위키미디어 | **125쪽** 파피루스, 이집트 박물관_위키미디어 / 향수 제작 부조, 프랑스 루브르 박물관_위키미디어 | **126쪽** 이탈리아 베네치아_PxHere | **127쪽** 이집트 카이로_게티 이미지 뱅크 | **132쪽** 콘스탄티누스 개선문_위키미디어

벌거벗은 세계사

❷ 천년 제국 로마와 이집트의 클레오파트라

기획 tvN 〈벌거벗은 세계사〉 제작진 | 글 박효연 | 그림 최호정 | 감수 김덕수

1판 1쇄 발행 | 2022년 8월 17일
1판 8쇄 발행 | 2025년 2월 1일

펴낸이 | 김영곤
아동부문 프로젝트1팀장 | 이명선
기획개발 | 채현지 김현정 강혜인 최지현 이하린
아동마케팅팀 | 장철용 양슬기 명인수 손용우 이규림 최윤아 송혜수 이주은
영업팀 | 변유경 김영남 강경남 황성진 김도연 권채영 전연우 최유성
디자인 | 윤수경 **구성** | 김익선 **제작** | 이영민 권경민

펴낸곳 | (주)북이십일 아울북
등록번호 | 제406-2003-061호 **등록일자** | 2000년 5월 6일
주소 | 경기도 파주시 회동길 201(문발동) (우 10881)
전화 | 031-955-2145(기획개발), 031-955-2100(마케팅·영업·독자문의)
브랜드 사업 문의 | license21@book21.co.kr
팩시밀리 | 031-955-2177
홈페이지 | www.book21.com

ISBN | 978-89-509-0084-7
ISBN | 978-89-509-0082-3(세트)

Copyright©2022 Book21 아울북 · CJ ENM. ALL RIGHTS RESERVED.
이 책을 무단 복사·복제·전재하는 것은 저작권법에 저촉됩니다.

* 잘못 만들어진 책은 구입하신 서점에서 교환해 드립니다.
* 가격은 책 뒤표지에 있습니다.

⚠ **주의** 1. 책 모서리가 날카로워 다칠 수 있으니 사람을 향해 던지거나 떨어뜨리지 마십시오.
    2. 보관 시 직사광선이나 습기 찬 곳을 피해 주십시오.

• 제조자명 : (주)북이십일
• 주소 및 전화번호 : 경기도 파주시 회동길 201(문발동)/031-955-2100
• 제조연월 : 2025.2.1
• 제조국명 : 대한민국
• 사용연령 : 3세 이상 어린이 제품

• **일러두기** 이 책에 나오는 지명과 인명은 《표준국어대사전》을 따라 표기하였고,
    규범 표기가 미확정일 경우 감수자의 자문을 거쳐 학계의 표기를 따랐습니다.

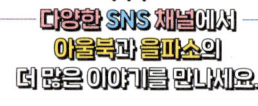

인스타그램
@owlbook21

페이스북
@owlbook21

네이버카페
owlbook21

네이버포스트
아울북

벌거벗은 한국사 퀴즈

비교하면 더 잘 보이는 역사!

로마 제국 시기, 우리나라에서는 어떤 일이 일어나고 있었을까요?
세계사와 비슷한 시대의 한국사 사건들을 퀴즈로 풀어 보며,
두 역사의 연결 고리를 찾아보세요!

1 (가)에 들어갈 인물에 대한 설명으로 옳은 것은? [ ]

> **1100년 태봉의 이음, 태봉제**
> 신라 왕족 출신으로 알려진 (가)이/가 세운 나라 태봉!
> 태봉의 도읍 철원에서 역사의 숨결을 느낄 수 있는 태봉제가 다채롭게 진행됩니다.
> 여러분의 많은 관심과 참여 바랍니다.
>
> 주요 행사: 태봉 제례, 어가 행렬

① 발해를 멸망시킨 거란을 적대시하였다.
② 미륵불을 자처하며 왕권을 강화하였다.
③ 신라를 공격하여 경애왕을 죽게 하였다.
④ 노비안검법을 시행하여 재정을 확충하였다.

2 다음에 설명하는 인물로 옳은 것은? [ ]

> 〈삼국사기〉에 의하면 이 사람은
> 수많은 청주 사람을 철원으로 옮기고
> 이곳을 태봉의 도읍으로 삼았다고 합니다.

① 견훤   ② 궁예   ③ 온조   ④ 주몽